AF631762

HABLA, CONECTA y CONVENCE

DOMINA EL ARTE DE HABLAR EN PÚBLICO E IMPACTA CON TUS DISCURSOS

José Manuel Tourné
Prólogo de Jesús Alcoba

HABLA, CONECTA y CONVENCE

DOMINA EL ARTE DE HABLAR EN PÚBLICO E IMPACTA CON TUS DISCURSOS

MADRID | CIUDAD DE MÉXICO | BUENOS AIRES | BOGOTÁ
LONDRES | SHANGHÁI

LID EDITORIAL

Comité Editorial: Santiago de Torres (presidente), Germán Castejón, Guillermo Cisneros, M.ª Teresa Corzo, Marcelino Elosua, Almudena García Calle, José Ignacio Goirigolzarri, Santiago Íñiguez de Onzoño, Luis Huete, Pilar López, Pedro Navarro, Manuel Pimentel y Carlos Rodríguez Braun.

A member of:

BPR

businesspublishersroundtable.com

No está permitida la reproducción total o parcial de este libro, ni su tratamiento informático, ni la transmisión de ninguna forma o cualquier medio, ya sea electrónico, mecánico, por fotocopia, por registro u otros métodos, sin el permiso previo y por escrito de los titulares del *copyright*. Reservados todos los derechos, incluido el derecho de venta, alquiler, préstamo o cualquier otra forma de cesión del uso del ejemplar.

Editorial y patrocinadores respetan los textos íntegros de los autores, sin que ello suponga compartir lo expresado en ellos.

© José Manuel Tourné, 2025
© Jesús Alcoba 2025, del prólogo
© Editorial Almuzara S.L. 2025, de esta edición

Editorial Almuzara S.L.
Parque Logístico de Córdoba, Ctra. Palma del Río, Km 4, Oficina 3
14005 Córdoba
www.almuzaralibros.com
www.LIDeditorial.com

EAN-ISBN13: 978-84-10221-44-4
Directora editorial: Laura Madrigal
Editora de mesa: Paloma Albarracín
Corrección: Cristina Matallana
Maquetación: www.produccioneditorial.com
Diseño de portada: Juan Ramón Batista
Impresión: Cofás, S.A.
Depósito legal: CO-145-2025

Impreso en España / Printed in Spain

Primera edición: febrero de 2025

Te escuchamos. Escríbenos con tus sugerencias, dudas, errores que veas o lo que tú quieras. Te contestaremos, seguro: *info@lidbusinessmedia.com*

«Preparar un discurso
sin tu audiencia en mente
es como comenzar una
carta de amor diciendo:
a quien le pueda interesar»

—Ken Haemer—

A Lola, la mujer de mi vida.

«Este es un libro esencial, pues si bien el arte del buen hablar requiere poco más que tiempo y pautas correctas, sus beneficios son incalculables, y más en un mundo que, como decía Hugo von Hofmannsthal, está siendo engullido por el saber de oídas».

Jesús Alcoba
Escritor y conferenciante

«José Manuel Tourné es un experto en oratoria, pero NO te recomiendo leer este libro. Es peligroso. Podría pasar que, al hacerlo, después empieces a aplicar lo que aprenderás y cambies el rumbo de una conversación, de una negociación... e incluso de tu propia vida. Avisado quedas».

Pablo Herreros Laviña
Consultor y asesor de grandes marcas y
autor de *El poder de las personas*

«Directo e instructivo. Tourné seduce y convence».

Jorge Molist
Autor y ganador del Premio Fernando Lara de Novela y
del Premio de Novela Histórica Alfonso X El Sabio

Índice

Agradecimientos

En 2018 cesó mi actividad para la industria del entretenimiento e inicié un nuevo camino que ha dado origen a esta obra y a una actividad que me apasiona: la enseñanza de habilidades de comunicación.

Son muchas las personas y organizaciones que me han ayudado en esta reinvención; quiero destacar a las más importantes, pero sin olvidar a todas aquellas que se cruzaron en mi camino y de las que aprendí mucho, especialmente mis padres, quienes me mostraron la fertilidad de la constancia y a mirar siempre hacia adelante, y mis hermanos, siempre dispuestos a echar una mano.

Gracias a Lola Mora, por su apoyo constante y sus continuas aportaciones para mejorar el contenido; Jesús Alcoba, por iniciarme en los caminos de la oratoria, sus consejos y prologar este libro; Pablo Herreros, por ayudarme en mi reinvención; Eduardo Avanzini, por sus maravillosas ilustraciones para explicar el lenguaje corporal; mis compañeros del club La Salle Campus Madrid Toastmasters, por su apoyo y sus conocimientos; la Escuela de Posgrado La Salle de Madrid, por su confianza y la oportunidad de aprender enseñando a organizaciones tan importantes como Renfe o mi querida Guardia Civil; ICEA (Investigación Cooperativa entre Entidades Aseguradoras), por confiar en mí y darme la oportunidad de enseñar y aprender; Ignacio Pérez Dolset y Alberto Garrido, de U-tad, por la oportunidad de enseñar y aprender más sobre esta habilidad; Lucía Pérez, de EAE, por su confianza y aliento para explorar nuevos caminos; Pilar Charro y la URJC, por abrirme las puertas; el Ilustre Colegio de la Abogacía de Madrid (ICAM), por su confianza; Jordi Molist, por sus sabios consejos (además de leerse el libro); Javier Sirvent y Ángel Serrano, por leer el borrador y facilitarme sus opiniones, y a mis hijos, María, Irene y Gonzalo, por sus ideas y su valentía al expresarlas.

Prólogo

Pensamos que sabemos hablar bien porque aprendimos a comunicarnos sin esfuerzo. Nuestros primeros balbuceos se colaron por sorpresa entre júbilos y carantoñas y, desde entonces, nos limitamos a abrir la boca y dejar salir todo lo que se nos ocurre. Sin embargo, y a pesar de que también aprendimos a comer espontáneamente, nadie dudaría de que comer bien es otra cosa. Si nos limitáramos a abrir la boca para dejar pasar a nuestro interior todo lo que se nos antoja, nuestra vida sería malsana.

Lo curioso es que no cataloguemos como malsanas todas las peroratas, las monsergas y los discursos vacuos con los que embadurnamos a nuestros congéneres. Sin apenas percatarnos, salen de nuestra boca ovillos sin fin, melazas espesas, velas que no se consumen, espirales infinitas y pozos sin fondo. Hablamos como quien piensa en alto, mientras vamos buscando el hilo ante la apesadumbrada mirada de nuestro interlocutor, que se pregunta una y otra vez a dónde va a parar todo ese embrollo.

Sería como si fuéramos por la vida como el protagonista de Mario Bros, engullendo bombones, helados, costillares enteros de cerdo rebozado en miel, patatas fritas con salsa de panceta y toda clase de alimentos impuros que fuéramos encontrando a nuestro paso. Nos volveríamos gordos y reventones, seríamos figuras *colesteroladas* con claros signos de envejecimiento prematuro, obstruidas nuestras arterias y tensionado nuestro pobre corazón.

Para evitar eso intentamos comer bien.

La conclusión, entonces, es clara: si hay que aprender a comer bien, hay que aprender a hablar bien. De otro modo nuestro discurso será también fofo y grasiento.

Después de muchos años en el ejercicio del verbo oportuno, José Manuel Tourné nos trae aquí una obra destinada a ese hablar bien. Con la puntería que le caracteriza, sin embargo, en lugar de dirigirse al público general, aunque sin excluirlo, ha escogido a su propio gremio, el de la abogacía, para aterrizar en él las claves imprescindibles de la buena oratoria.

Este gremio está instalado en el imaginario popular, si se me permite, en el largo decurso de sus discursos, lo intrincado de sus argumentos y el uso de vocablos ininteligibles para las personas de a pie. Sin embargo, en ese mismo imaginario, han quedado impresos también los abogados de película, esos que, con un lenguaje llano, aunque afilado, siempre unido a un gesto penetrante, consiguen dar la vuelta a la tortilla de las condenas más anunciadas.

El camino que va de uno a otro es el itinerario que sigue este libro. No el de convertir a nadie en un abogado de película, sino el de lograr lo que esta profesión tanto necesita y que todos, en algún momento, también hemos buscado: el arte de la persuasión y la influencia.

José Manuel se mueve con atino entre la teoría y la práctica, ofreciendo múltiples ejemplos de su vida profesional que pueden ayudar a cualquier lector a encontrar su camino en la práctica de la oratoria certera. Este es un libro esencial, pues si bien el arte del buen hablar requiere poco más que tiempo y pautas correctas, sus beneficios son incalculables, y más en un mundo que, como decía Hugo von Hofmannsthal, está siendo engullido por el saber de oídas.

Jesús Alcoba
Escritor y conferenciante

Introducción

El 30 de mayo de 2008 finalizaba nuestro encuentro anual, organizado por la Motion Picture Association (MPA) en Liubliana, capital de Eslovenia. Estos encuentros terminaban en viernes para facilitar a los asistentes prolongar su estancia durante el fin de semana y hacer algo de turismo.

Un reducido grupo decidimos visitar un parque natural, al noreste de Eslovenia. Fue allí donde conocimos la *Pulsatilla grandis*, una planta exótica que crece en las suaves colinas del parque natural de Boč, y su dramática historia: la *Pulsatilla* está en peligro de extinción.

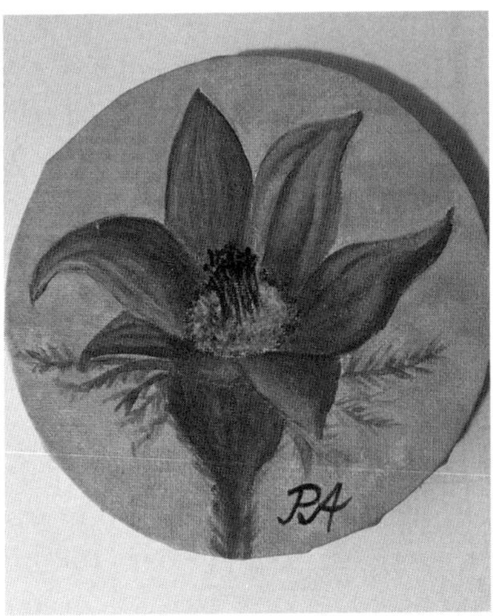

Como ocurre con otras plantas y también con animales, somos los seres humanos los causantes de su paulatina desaparición; en este caso los visitantes del parque, quienes, haciendo caso omiso de las advertencias de Simona, arrancan la flor para secarla entre las páginas de un libro y colgarla, después, en un marco en la pared.

Simona es la administradora del lugar: prepara folletos y carteles de advertencia y nos recibió con una charla sobre las distintas especies vegetales y animales que habitan aquellos montes.

Nos invitó a respetarlos. Nos explicó que el nombre en esloveno de la flor es *Velikonočnica*, que significa «flor de la Pascua», pues florece precisamente a finales de marzo y principios de abril. Aportó muchos datos técnicos de la planta: que pertenece al género *Pulsatilla*, de la familia de las ranunculáceas, y varias características adicionales. Simona sabía muchísimo de todo ello.

Sin embargo, fracasa año tras año en su intento de proteger la flor. Con gran pesar no entiende por qué es incapaz de contagiar su respeto por todas y cada una de las criaturas vegetales o animales de su parque. Simona, como le ocurre a otros tantos profesionales, no consigue ser eficaz en su comunicación.

¿Podría la oratoria ayudar a Simona?

La respuesta no me ofrece duda alguna: sí. Según el *Diccionario de la lengua española*, la oratoria se define como «el arte de hablar con elocuencia», y la elocuencia es la «eficacia para persuadir o conmover que tienen las palabras, los gestos o ademanes y cualquier otra acción o cosa capaz de dar a entender algo con viveza».

Es una habilidad que permite al orador convencer o conmover, sea con sus palabras, sus gestos, sus ademanes o varias de estas acciones. En definitiva, el buen orador consigue persuadir, que significa provocar un cambio en quien nos escucha. Para ello, Simona debería contagiar su amor por las especies del parque. No basta conocer un tema; es necesario transmitirlo con pasión.

Si lo llevamos al terreno profesional, entendemos que los líderes necesitan ser buenos oradores; de hecho, expertos como John W. Gardner, profesor de la Escuela Superior de Negocios de la Universidad de Stanford, considera la comunicación persuasiva uno de los atributos indispensables para un líder (Gardner, 1990).

Son varias las profesiones en las que la oratoria es una habilidad esencial: en primer lugar, la que elegí para mí mismo, la abogacía. Los abogados deben defender una causa que, por encima de todo, consideran justa, y con una versión parcial, que es la que establece el proceso judicial o la negociación entre partes con diferentes intereses. Es el uso de la palabra el que establece puentes y facilita la eficacia de los argumentos.

> La oratoria es el arte de hablar con elocuencia,
> y la elocuencia implica persuadir.
> Si no convences, tu discurso carece de eficacia.

En segundo lugar, la actividad a la que me dedico, la docencia. Los maestros deben comunicar sus conocimientos a los alumnos, conectar con ellos y guiarlos por el camino a través del cual descubrirán la materia que imparten. La oratoria les permite conectar con sus alumnos y motivar su trabajo.

En tercer lugar, varias profesiones que precisan la capacidad de convencer para progresar: las de políticos, periodistas y presentadores. En realidad, la capacidad de comunicar de forma convincente ayuda a muchos profesionales, desde el joven que quiere ser contratado por un empresario hasta los directivos que deben motivar a sus equipos, vender o negociar.

El objetivo de este libro no es definir la oratoria ni tampoco convertirse en un tratado sobre una habilidad que los seres humanos poseemos.

Así es. Aunque la oratoria se considera un arte, cualquier persona puede convertirse en un buen orador, y lo que pretendo desde estas páginas es mostrarte cómo conseguirlo señalando aquellas características que adornan a los buenos oradores.

Parto del hecho de que los seres humanos sabemos hablar. Si alguien no es buen orador, es porque desconoce las técnicas que nos convierten en oradores destacados. Voy a caminar contigo mostrándote cómo llegar a ser eficaz con tus alegatos, discursos o presentaciones. Subrayo *eficaz* porque es la clave del buen orador. Perseguimos convencer con la palabra, sea para que compren un producto, nos contraten o acepten nuestra propuesta.

Diane di Resta, autora, entrenadora y patóloga certificada del habla en la Universidad de Columbia, además de presidenta de la

Asociación Nacional de Oradores, con sede en Nueva York, afirma que «mientras que el orador talentoso nace, el orador eficaz se hace» (Di Resta, 2023).

En consecuencia, la oratoria es una habilidad que cualquiera puede adquirir. Tan solo hace falta conocer las técnicas y un poco de práctica.

Tomando el ejemplo de los abogados, estos tienen la ventaja de la asertividad, la capacidad de afirmar los derechos y necesidades de su representado sin dejarse manipular y respetando los derechos y necesidades de la parte contraria. Es una característica muy importante para que exista la comunicación.

El objetivo de la comunicación es persuadir: para que nos contraten, para vender un producto o servicio o para demostrar la utilidad de unos conocimientos (¡cuántas veces los alumnos se preguntan: «¿Para qué me sirve saber esto?»!).

Y, por supuesto, el jurista intenta convencer al juez o a la parte contraria de que su argumento tiene más peso en la balanza de la justicia, y lo hace con pruebas, con argumentos y creando una historia irrefutable. Para ello hay que conocer el caso y las leyes aplicables.

Lo aprendimos en la facultad, pero lo que no nos enseñaron es que hay siempre dos o más realidades, a veces contrapuestas; ni cómo hacer valer la nuestra por encima de otras. Y lo mismo ocurre en otras muchas profesiones. Con la excepción de los periodistas, que sí reciben formación específica sobre cómo hablar en público o comunicar, en general, hay pocas profesiones en las que se muestren estas habilidades.

Para persuadir, el primer paso es estar convencido de lo que cuentas. En los talleres que imparto tanto para abogados como para otros profesionales les invito a preguntarse: «¿Por qué o para qué eres abogado (o profesor, o...)?». Muchos de los asistentes tienen dudas, pero he comprobado que, cuanto más clara era, mayor era la convicción con la que actuaban.

«Me indignaba la injusticia de los poderosos» fue una de las respuestas que más llamó mi atención. El origen de esa indignación enraizaba con una experiencia personal, y tuve claro que ese alumno triunfaría con sus discursos. Así ha sido: se ha convertido en un gran abogado. Como muchos: quienes creen de verdad en lo que hacen alcanzan el éxito.

La convicción genera pasión, y esta emoción es clave para transmitir lo que quieres con eficacia. Amar lo que hacemos genera una fuerza interior que resulta invencible en cualquier profesión. Es lo que nos lleva a dedicar unas horas más al estudio del caso, a preparar el alegato o la reunión negociadora.

Por último, hay un aspecto que los abogados debemos tener muy en cuenta: la brevedad. La precisión de los conceptos es muy importante en derecho, y eso lleva a los abogados a explicar hasta el extremo lo que queremos decir. Estas explicaciones son buenas definiciones en un libro de texto, pero provocan una extensión de nuestros alegatos que es contraproducente a la hora de convencer. Además, los abogados, especialmente cuando estamos ante nuestro cliente, queremos mostrar nuestro conocimiento alargando nuestras explicaciones de forma innecesaria.

Aprender a ser más directos abreviando nuestras exposiciones mejora de forma sustancial nuestra capacidad para convencer.

Todo esto también es aplicable a la hora de dar una conferencia o participar en una mesa redonda. Lo he visto muchas veces: oradores que desbordan el tiempo previsto para su intervención y acaban desconectando a gran parte de la audiencia. Ajustarnos al tiempo facilita que el público atienda más relajado y sin perderse.

Para convencer, por encima de todo, hay que conectar con la audiencia y mantener esa conexión a lo largo de todo el discurso.

1 Preparar el discurso

El primer paso para ofrecer un buen discurso es pensar en la audiencia y tener claro nuestro objetivo. Ken Haemer dijo: «Diseñar una presentación sin una audiencia en mente es como escribir una carta de amor y dirigirla a quien pueda interesar».

Si vamos a preparar un alegato, la audiencia es el juez, aunque también hablemos para nuestro cliente; si estamos ante una negociación, debemos convencer a la otra parte, y si ofrecemos un discurso, la audiencia puede ser muy variada: desde estudiantes interesados en aprender hasta los asistentes a una charla que quieren conocer nuestros conocimientos o perspectiva.

Si pensamos en la audiencia, adecuaremos nuestro discurso y evitaremos aburrir. Imagina el caso del alegato ante el juez: ¿qué quiere el juez? Muchos responden: «acabar lo antes posible».

Pudiendo existir la natural inclinación humana a resolver el pleito lo antes posible, estoy seguro de que los jueces quieren hacer justicia. Quieren dictar una sentencia bien estructurada y apoyada en argumentos sólidos. Somos nosotros quienes debemos facilitar esos argumentos y, más aún, convencer a su señoría de que nuestro relato es el más cercano a la verdad, que es en lo que consiste la teoría del caso.

Esta teoría se basa en la diferente percepción que tienen dos partes enfrentadas respecto a los mismos hechos.

Para que nuestra versión triunfe, debemos presentar pruebas, argumentos y, especialmente, una historia que resulte irrefutable. Hay que convencer al juez.

Pensar en el juez implica ser conscientes de su persona: la edad, su estado de ánimo y la perspectiva que de otros casos similares pueda tener condicionarán su decisión. También debemos tener en cuenta la hora a la que se ha fijado nuestro juicio, pues la predisposición del juez para escuchar un alegato largo no será la misma a primera hora de la mañana que a última; en este caso, la brevedad se convertirá en imprescindible.

Además, nuestro informe debe prever no solo el resultado de las pruebas que se aporten al procedimiento, sino también el hecho, frecuente, de que un testigo no declare como esperábamos. La capacidad de improvisar es una habilidad del buen orador. Lo he observado con frecuencia en las réplicas parlamentarias: a menudo, tienen poco en cuenta el discurso al que responden; están preparadas de antemano. ¡Cuánto mejoran aquellas que hacen referencia a lo que se acaba de escuchar!

La espontaneidad de los buenos oradores resulta más contundente. Los grandes oradores modifican su discurso en función de lo que perciben por parte de la audiencia; su lenguaje corporal les indica si deben agilizar, repetir una frase o cualquier otra actuación, y mucho más nos toca como abogados para responder a una situación imprevista.

Imagina a un profesor que tiene que impartir un contenido algo denso. ¿Piensa en los alumnos? Si lo hace, preparará su clase de forma que sea más fácil de comprender creando ejemplos, recurriendo a apoyos visuales e incluso pensando si esa materia será más sencilla de entender a primera hora del día.

En todo caso, empieza por escribir el guion. Esto te permitirá estructurar el contenido, ajustarlo al tiempo disponible y, lo más importante, definir tus objetivos. Te ayudará a mantenerte enfocado y a asegurarte de que tu mensaje sea efectivo y relevante para la audiencia.

¿Qué quieres lograr con tu discurso? ¿Quieres persuadir a la audiencia para que adopte una determinada postura? ¿Quieres informar sobre un tema específico? ¿Quieres entretener? O, lo más obvio,

¿quieres una sentencia favorable a los intereses de tu cliente?, ¿qué compren tu producto?, ¿qué te contraten?

Todo ello exige dedicación y muchas horas de trabajo. Por eso, tendemos a crear alegatos larguísimos. Pensamos que deben reflejar el esfuerzo dedicado, pero no es así.

¿Cuántas veces has dedicado horas a preparar un alegato, llegas al tribunal y escuchas por parte del juez: LETRADO, ¡SEA BREVE!?

La mayoría de las veces lo único que respondemos es: «Sí, señoría, muy brevemente para solicitar...», y continuamos con nuestro alegato tal y como lo habíamos preparado, hasta el punto de que en ocasiones nos han llamado la atención pidiendo que abreviemos o indicando que no hace falta que repitamos lo que dijo Fulanito o lo que está en tal documento.

No somos conscientes de que esto solo nos lleva a una desconexión completa por parte del juez. No va a atender más, y estaremos más lejos de convencerlo que con un alegato breve de verdad y muy bien estructurado.

Lo mismo ocurre con un discurso: queremos quedar bien y empezamos a incluir más y más contenido, cuyo único resultado es agotar a la audiencia y restar eficacia a lo que decimos.

No existen varitas mágicas que nos permitan acertar con el discurso idóneo: cada juez es una persona distinta y cada caso es diferente. Sin embargo, sí puedo ofrecerte una fórmula y un MAPA

Para hablar bien, escribe.
Un discurso bien estructurado evita que la audiencia se pierda.

La fórmula y el MAPA

La fórmula consiste en una idea y tres argumentos para defenderla:

«Señoría, mi representado es inocente por (argumento 1), por (argumento 2) y por (argumento 3)».

El MAPA está integrado por los siguientes elementos:

- **Mensaje.** Bien estructurado, conciso y claro.
- **Actuación.** Soy consciente de que en los tribunales españoles no hay espacio para esas actuaciones que vemos en las películas sobre juicios y que reflejan la escenografía de los juicios en Estados Unidos; sin embargo, sí podemos realizar una actuación en la que nuestro lenguaje corporal y nuestra voz respalden lo que decimos. En el caso de un discurso, ¡qué diferente es el que se ofrece de pie, caminando en el escenario, del que se hace desde una mesa en la que la audiencia tan solo ve nuestra cara!

  ¿Y los profesores? Cuando paseamos por la clase, abrimos la posibilidad de conectar visualmente con cada alumno e implicarle con más fuerza en lo que contamos.
- **Puesta en escena.** ¿Alguna vez has imaginado cómo va a ser la charla, el juicio o la clase que tienes al día o a la semana siguiente? Eso es la puesta en escena: Imagínate hablando de forma brillante y triunfando. Cuando lo hagas, verás que entras en la sala de juicios, en la clase o en el escenario más decidido.
- **Autoevaluación.** Termina el discurso y suspiramos. Se acabó. Es un error. Te invito a reflexionar sobre tu desempeño. ¿Qué tal te salió? ¿Habías previsto todo lo necesario? ¿Supiste reaccionar ante las declaraciones de algunos testigos o ante preguntas inesperadas? ¿Acertaste con los argumentos de la parte contraria?

Dedica unos minutos a repasar cada paso de tu discurso, felicítate por lo que hiciste bien y reflexiona sobre lo que puedes mejorar para el futuro.

He participado en varios concursos de oratoria y he visto a muchos concursantes. No existe el discurso perfecto, siempre hay cosas que se pueden mejorar. Lo viví tras ganar el concurso Iberia Summit de 2020, organizado por Toastmasters International: al repasar el vídeo de mi discurso, descubrí varios errores y aspectos de mejora que me sirven para seguir creciendo en esta habilidad.

La fórmula y el MAPA nos permiten encontrar el tesoro de la persuasión. Veamos cómo hacerlo. Esta fórmula aplicada a charlas o seminarios es también muy eficaz. El público entiende el tema y recibe los mensajes bien estructurados.

2
El guion

Empezarás buscando los datos necesarios para defender tu opinión. Al principio serán apuntes algo deslavazados, pero no te preocupes porque pronto les darás forma: es la fase exploratoria. Tras la búsqueda de información, llega el momento de estructurar el contenido: es el análisis preparatorio. Con ello resuelto, estructurarás tu discurso.

La base del guion es el mensaje, que debe ser como una luz que se transmite a la audiencia. Tiene que iluminar.

El objetivo es que te compren la idea. Si tu idea es original, tiene muchas posibilidades de triunfar; a menudo, sin embargo, basta con que sea útil.

1. Fase exploratoria

En esta fase recogerás toda la información que pueda ser útil para el caso.

Los abogados iniciamos nuestro análisis con el examen de los documentos:

- Si estamos ante un caso penal, podemos empezar por examinar el atestado policial o la querella; si es un caso civil, el primer paso puede ser escuchar a nuestro cliente —en el caso de que seamos demandantes— o estudiar la demanda que haya recibido.

- Si se trata de un procedimiento laboral, podemos partir de una carta de despido o de la propuesta de la empresa para despedir a un empleado.

Por supuesto, hay muchas formas de iniciar los conflictos que terminan en una negociación o en un procedimiento judicial. Expongo los anteriores como meros ejemplos para usarlos como referencia.

Imagina que partimos de un atestado policial. Nuestra investigación incluye entrevistarnos con el cliente y examinar hechos, lugares y posibles testigos. La teoría del caso intenta explicar qué ocurrió. El proceso judicial busca la verdad, pero la verdad es compleja y depende de la percepción subjetiva de quienes vivieron los hechos.

Nuestro objetivo es convencer de que nuestra formulación es la adecuada. Para ello, nos basamos en pruebas, argumentos y, especialmente, en crear una historia irrefutable.

No es objetivo de esta obra señalar cómo preparar un juicio o una negociación; estudios universitarios sumados a las prácticas o el máster de acceso a la abogacía preparan al abogado para hacerlo. Lo importante es destacar que esa labor exploratoria obtendrá unos resultados en los que fundamentaremos nuestro relato.

A veces un dato hallado en la investigación cambia el resultado por completo. Recuerdo un caso que tuve muy al inicio de mi carrera: a través del turno de oficio tenía que defender a una persona acusada de robo en grado de frustración. Los hechos relatados en el atestado y basados en la declaración del dueño de un bar indicaban que el acusado había entrado con ánimo de robar en él y que, cogiendo un cuchillo de la barra, había amenazado a un camarero para que le diera el dinero de la caja. Tras un forcejeo, se indicaba que el asaltante había salido huyendo y que se cayó por las escaleras en su huida produciéndose diversos golpes y heridas. De esa forma, consiguieron retenerlo hasta que llegó la Policía.

Mi defendido, por su parte, negaba los hechos. En su declaración afirmaba que había entrado en el bar para tomarse una copa y que, tras un par de consumiciones, se dio cuenta de que no tenía dinero y se lo dijo al camarero. Este, según la versión del acusado, se encaró con él, lo amenazó y comenzó a golpearlo, razón por la que tomó un cuchillo para defenderse; el camarero, con ayuda del dueño, consiguió quitarle el cuchillo y lo golpearon hasta retenerle.

He aquí dos versiones completamente distintas, como suele ser habitual.

Decidí acudir al lugar de los hechos por si aquello me proporcionaba alguna información extra y encontré que el bar estaba por debajo del nivel de la calle; para salir de él, había que subir cuatro o cinco escalones: era imposible que mi defendido se hubiera producido las heridas de las que había sido atendido en una casa de socorro —así se llamaban en aquel entonces— cayéndose por una escalera.

Tomé una foto, para lo cual tuve que ir otro día con la cámara correspondiente, ya que no existían teléfonos móviles con cámara en aquella época. Esa foto fue definitiva para considerar que el relato de los hechos más verosímil era el aportado por la defensa. No me extendí en otras consideraciones, enfoqué el caso con este hecho, y salimos victoriosos.

Seguro que tienes casos similares.

La labor exploratoria es la que nos permite encontrar pruebas, ideas o argumentos con los que construir nuestra historia. Si son muy poderosos, debemos destacarlos. Otros datos serán irrelevantes o aportarán muy poco, y lo que no aporta nada en absoluto y debemos evitar es extendernos sobre lo mucho que nos ha costado encontrar tal dato o tal prueba. Puede que nuestro cliente lo valore, pero para el juez es irrelevante.

Pensemos en una charla o en una presentación. He visto más de una vez cómo un ponente se extendía en su discurso contando con detalle todo el esfuerzo invertido en su investigación cuando lo único interesante era su resultado; al final, resultaba tan largo que conseguía desconectar a la audiencia del contenido valioso.

La fase investigadora debe incluir la búsqueda de jurisprudencia y doctrina que podamos aplicar. No rechaces tu experiencia personal; es muy útil. Especialmente si se trata de dar una charla, piensa que tu experiencia supone una historia personal, y eso es muy atractivo para cualquier audiencia.

Ocurre lo mismo con la actividad de los maestros, políticos o conferenciantes: cuanta mejor y más profunda sea la información de la que disponen, más contundente será su discurso. Y si le añaden alguna experiencia personal, la conexión está garantizada.

Recuerda que a los seres humanos nos gustan las historias. Activan la dopamina, ese neurotransmisor relacionado con la sensación de placer. De hecho, si puedes realizar tu alegato como una historia o incluir una historia breve, sea en una conferencia, una negociación o un alegato, ten por seguro que habrás captado la atención de tu audiencia. Muchos de los discursos más recordados de la historia lo son por haber incluido una historia personal.

Seguro que has visto más de un discurso de agradecimiento por la entrega de premios como los Oscar cinematográficos, los Globos de Oro o los Goya. ¿Recuerdas alguno? Probablemente no; todos son muy parecidos: «Gracias a mi padre, a mi madre, a mi tía Enriqueta, que siempre me animó, y a Fulanito, por darme la oportunidad de demostrar mi talento...».

Es cierto que la creatividad de algunos artistas los llevó a realizar alguna genialidad, como cuando Roberto Benigni accedió al escenario caminando por los respaldos de las butacas para recoger su Oscar por *La vida es bella*. Sin embargo, ¿recuerdas qué dijo?

En Estados Unidos, toda la industria recuerda el discurso de Oprah Winfrey al recibir el Globo de Oro en 2018: subió al escenario, esperó a que se hiciera el silencio roto por el enorme aplauso que recibió y dijo: «En 1964, yo era una niña sentada en el suelo de linóleo de la casa de mi madre en Milwaukee viendo a Anne Bancroft presentar el Oscar al Mejor Actor en la 36.ª edición de los Premios de la Academia. Abrió el sobre y dijo cinco palabras que literalmente hicieron historia: "El ganador es Sidney Poitier".

Subió al escenario el hombre más elegante que jamás había visto. Recuerdo que su corbata era blanca y, por supuesto, su piel era negra, y nunca había visto a un hombre negro ser celebrado de esa manera...[1]».

Ver el discurso de Oprah Winfrey
en los Globos de Oro de 2018

En ese momento, toda la audiencia estaba conectada con el corazón de Oprah. Su historia le había permitido ver a esa niña pequeña sentada en un suelo humilde —de linóleo— emocionada al ver galardonado a un hombre de su raza.

Y a nivel mundial, todos recordamos el magnífico discurso de Steve Jobs ante los alumnos de Stanford. En aquel momento, probablemente conocían que Abdul Lateef Jandali era un hombre adoptado cuyo nombre cambió para convertirse en Steve Jobs; lo que no sabían —y él lo iba a revelar en el discurso— es que su madre biológica había puesto como condición para quienes lo adoptaran que fueran universitarios, pues quería que ese hijo al que entregaba en adopción también lo fuera. Y Steve Jobs empieza su discurso de la siguiente manera: «La verdad es que nunca me gradué de la universidad. Y esto es lo más cerca que he estado de una graduación universitaria. Hoy quiero contaros tres historias de mi vida. Eso es todo. No es gran cosa. Solo tres historias».

Y les contó la historia de su vida dividida en tres capítulos: cómo dejar la universidad le permitió fundar Apple, cómo fue despedido de su propia compañía y eso le permitió fundar dos compañías, Pixar y Next, muy queridas para él, y, por último, cómo el diagnóstico de un cáncer de páncreas le había llevado a plantearse la vida de forma diferente. Cada historia enlazaba perfectamente con la siguiente, y la última con su famoso: «*Stay hungry. Stay foolish*» («Permaneced hambrientos. Permaneced locos») a modo de llamada a la acción con la que terminaba su discurso.

---

1. Traducido por el autor

Nos gustan las historias. Siempre que puedas, cuenta una historia. De hecho, antes de continuar, permíteme que yo te cuente una:

«Había un joven llamado Quintral; era el hijo del cacique de una tribu india. Quintral estaba enamorado de Amancay y, aunque él no lo sabía, ella le correspondía con los mismos sentimientos.

Un día, una epidemia de fiebre asoló la tribu y muchos miembros fueron cayendo enfermos, y también Quintral.

En los delirios causados por la fiebre, el joven murmuraba el nombre de Amancay. Oyéndolo, su padre ordenó que dos guerreros fueran a buscarla; sin embargo, cuando llegaron a donde debía encontrarse la joven, esta se había ido.

Una vieja hechicera le había dicho a Amancay que el remedio para curar a la tribu residía en una flor que crecía en lo alto de la montaña y hacia allí había partido».

Imagínate que estás siguiendo este relato sobre Quintral y Amancay: piensa que en este momento se interrumpiera y no pudieras conocer el final de la historia. ¿Cómo te sentirías?

En los talleres que imparto sobre oratoria, *storytelling* y otras habilidades, interrumpo este relato y descubro inmediatamente caras de decepción entre los asistentes.

Es en ese momento cuando entendemos juntos la importancia que tienen las historias para el ser humano. Da igual que nos encontremos en un taller sobre habilidades de comunicación; queremos seguir escuchando la historia.

A los seres humanos nos apasionan las historias; nos involucran, se recuerdan mejor y activan la dopamina, la hormona relacionada con la sensación de placer. Si quieres enganchar a tu audiencia, cuenta historias.

Como a ellos, tampoco te voy a dejar sin el final de la historia: es muy corta y nos servirá para entender otro concepto.

«Habíamos dejado a dos guerreros informando al padre de Quintral de que no habían encontrado a Amancay, pues la joven se había ido a buscar una flor.

Siguiendo las instrucciones de la hechicera, Amancay llegó a lo alto de la montaña y encontró la flor; la arrancó y, en ese momento, un gran cóndor apareció a su lado:

—¡No te puedes llevar esa flor! —gritó—. ¡Pertenece a los dioses!

Amancay le respondió:

—Por favor, la necesito; es para curar a mi tribu; mi amado está muy enfermo. ¡Deja que me la lleve! —suplicó—.

—Está bien —respondió el cóndor—, pero solo se curará si me das a cambio una prenda: ¡Tu corazón!

Amancay accedió. El cóndor la envolvió con sus alas y arrancó el corazón con su pico para salir inmediatamente volando hacia los dioses. En su vuelo, las gotas del corazón de Amancay fueron regando el valle, que estaba poblado de flores amarillas.

Es así como nacieron las astromelias».

Si te pasas por una floristería, fíjate en los pétalos de esta flor. Aún hoy, nacen con las gotas del corazón de Amancay grabadas en ellos (Admin, 2012).

¿Recuerdas a Simona, la administradora del parque de Eslovenia? ¿No crees que sería más eficaz contando una historia como la que acabas de leer? Yo estoy seguro de que sí.

Las historias nos emocionan y nos conectan con quien las cuenta. Piensa en aquellas conferencias a las que has asistido como oyente. Repasa tus propias sensaciones y te darás cuenta de que te distraes mucho menos en los discursos contados como una historia. Lo afirmaba Seth Godin, autor de más de veinte libros de éxito sobre marketing: «Los buenos vendedores son los que cuentan historias».

Lo que ocurre es que nuestro cerebro responde a lo que se conoce como *trance narrativo*, que consiste en una conexión con lo que se describe y se siente mientras el narrador avanza: vivimos las emociones de los personajes, representamos en nuestra mente los paisajes y escenarios que se van describiendo y nuestra curiosidad natural pide más. Es tan profundo que nos induce a atender con todos nuestros sentidos.

Relacionamos los hechos que vivimos con una estructura causal. Generamos historias para comprender lo que nos sucede y explicarnos la realidad, especialmente si desconocemos las causas. Por ejemplo, durante mucho tiempo, el ser humano entendió la lluvia como un regalo de los dioses o un castigo. Era un cuento para dar sentido a algo incomprensible en aquellos momentos. Y no creas que lo hemos superado.

¿Cuántos piensan que para no resfriarnos hay que abrigarse? Es un mito: los resfriados son causados por un rinovirus o un coronavirus (no la COVID-19) y la gripe por los orthomyxovirus, entre los que destaca el *Influenzavirus*. Sin embargo, creemos que abrigarse mucho nos protege de los resfriados porque es un relato coherente. Tiene sentido, y eso basta. Pero no se lo digas a tu madre porque seguirá insistiendo en que te abrigues en cuanto baja la temperatura.

A base de generar historias creamos bloques más complejos y surgen las ideologías, los principios que rigen nuestras vidas. Se trata de una dinámica de supervivencia que a menudo nada tiene que ver con la realidad. Los relatos simplemente tienen que ser convenientes. Es una estrategia adaptativa que funciona para la mayoría de los individuos. Sabemos que no vale para todos, pero la especie humana sobrevive y crece.

Mientras que las aves y otras especies animales usan diferentes habilidades para aparearse, el ser humano usa su capacidad de relatar. La seducción mediante el relato nos confiere esa ventaja. Ahora bien, ¿por qué los humanos somos grandes productores y devoradores de relatos, a diferencia de otros primates? ¿Qué hizo que desarrolláramos esa capacidad? ¿Es solo una forma de transmitir conocimiento de generación en generación?

Un estudio del Departamento de Antropología del University College de Londres demostró que la narración de historias es esencial para la convivencia dentro de los grupos humanos. Para ello, algunos investigadores se desplazaron a Filipinas y convivieron varios días con los agta, una tribu que mantiene una forma de vida similar a la de los cazadores recolectores de hace miles de años. Les pidieron que les contaran historias tradicionales y, durante tres noches, los principales contadores de relatos les contaron uno. El 70 % de las narraciones recogidas giraban en torno a los valores de convivencia dentro del grupo. Pero hay más: los mejores contadores de historias tienen ventajas dentro de su comunidad: se reproducen más (tienen de media 0.53 hijos más), reciben más regalos y el resto de los miembros del grupo los prefieren como compañeros.

Asimismo, los investigadores han visto que, en aquellos grupos de agta en los que había contadores de historias con más pericia, los niveles de cooperación entre los miembros del grupo eran también más elevados que en otras comunidades. El estudio está publicado en *Nature Communications* (Smith, *Nature Communications*, 2017).

Por último, si tienes dudas respecto a los datos que has de buscar, te sugiero que te hagas las preguntas de los periodistas: qué, quien, cómo, dónde, cuándo, por qué y para qué.

Las respuestas a estas preguntas tienen todo el contenido que podrías necesitar durante tu investigación.

Antes de escribir tu discurso, reúne todos los datos, investiga. Es un primer paso. No hace falta que tenga orden alguno. Ya estructurarás después.

2. Fase preparatoria

Tras la investigación y búsqueda de datos, llega el momento de preparar el discurso; sea para un alegato, una negociación o una conferencia, hay que estructurar lo que vamos a decir. El análisis preparatorio nos permite tener una visión global del caso, y con ella de nuestros objetivos, posibilidades y argumentos.

A mí me gusta escribir lo que voy a decir: empiezo construyendo un índice, y lo hago con flexibilidad de forma que pueda ir modificándolo según avanzo, y después voy escribiendo el contenido de mi informe, conferencia o clase. Necesito verlo escrito para poder, después, estructurarlo. A medida que escribo, voy desechando contenidos y ajustándome al tiempo. Lo normal es que escriba un texto que desborde el tiempo previsto; no importa, después vienen los descartes.

Cuando tengo todas las ideas plasmadas en el papel, o en la pantalla del ordenador, llega el momento de estructurar. Una buena estructura permite que la audiencia comprenda los argumentos y conecte emocionalmente con el orador; es como el mapa para un viaje: ayuda a que no nos perdamos.

La estructura clásica de un discurso consiste en una introducción, un desarrollo y una conclusión. Sin embargo, debido a la influencia del cine y la televisión, es posible que un discurso necesite un enfoque más narrativo, comenzando con una escena que atraiga la atención de la audiencia y presente un conflicto o problema; es lo que conocemos como *gancho*.

3. Captar la atención

El inicio de un discurso, un informe o una negociación condiciona la atención que se le prestará y también su resultado.

Imagínate asistiendo a una conferencia sobre cualquier tema de tu interés. Estás en tu silla, como el resto de la audiencia, pendiente de la llegada del orador. Lo normal es que tengas el teléfono móvil en la mano, sea para desconectarlo y que no suene durante la charla, sea para entretenerte mientras esperas. Fíjate en el resto de los asistentes, especialmente los que acuden solos: ¡están haciendo lo mismo!

Entra el orador y os sorprende con una pregunta, con una historia o con una imagen impactante. Ya sabes que la conferencia será diferente. Apagas el teléfono y te dispones a atender con todos tus sentidos.

Lo he experimentado muchas veces.

Algunas de mis conferencias las he iniciado con una cerilla en la mano y la caja de cerillas en la otra:

> —«¿Cuánto vale una cerilla?» —pregunto a la audiencia—.
>
> Es una pregunta retórica que yo mismo respondo.
>
> —«Si dividiéramos el valor de la caja entre todas las cerillas que contiene, estaríamos ante unos pocos céntimos; sin embargo, imaginad que estáis en el monte, solos, a oscuras y con frío. ¿Cuánto vale entonces una cerilla?».

En ese instante ya tengo la atención plena de todos los presentes. Están pendientes de lo que haré con esa cerilla y de la enseñanza que pueda haber detrás. Me lo ratificó un asistente a uno de mis talleres: «En cuanto empezó, supe que su charla iba a ser diferente y que me iba a gustar», me dijo al terminar y acercarse para felicitarme.

No creo que encender una cerilla justo antes de iniciar tu informe ante el juez sea una buena idea; vale para una charla o una conferencia. Sin embargo, ante un juez puede resultar muy llamativo hacer referencia a una fecha y un lugar o empezar con algo familiar: «Todas las empresas necesitan recurrir al esfuerzo humano para desarrollar su actividad: algunos son empleados, otros, meros proveedores cuyos servicios contratamos porque...».

Así empezaba el informe de un abogado defendiendo la condición de falso autónomo de su cliente en un juicio por despido improcedente.

Me llamó la atención la forma en la que el juez se volvió inmediatamente hacia el letrado para atender a sus palabras.

Sorprender a la audiencia se ha convertido en uno de los retos para los oradores del siglo XXI. Numerosos estudios afirman que la capacidad de atención se ha ido reduciendo de forma drástica en las últimas dos décadas y culpan de ello a la cantidad de horas que pasamos frente a las pantallas. Concentrarse en un solo estímulo se ha reducido por debajo de los 10 s. Algunos expertos, como el doctor José Antonio Portellano, afirman que «la atención focalizada, prestar atención a un solo estímulo, ha bajado hasta los 5 s» (Ricou, 2019).

Incluso la atención a las pantallas ha disminuido: Gloria Mark, autora del libro *Attention span* (Mark, 2023), afirma que la atención media de una persona en 2014 que veía algo en una pantalla era de dos minutos y medio (150 s). Sin embargo, ahora se ha reducido hasta los 47 s.

En consecuencia, uno de los retos más importantes para el orador es conseguir captar la atención y mantenerla, especialmente al inicio de su exposición. Existen decenas de formas diferentes para empezar una charla captando la atención: hemos visto el impacto que tiene contar una historia o enunciar una pregunta; puedes hacer referencia a un estudio: «Según Amy Cuddy, psicóloga de la universidad de Harvard, le prestamos 12.5 veces más atención a los gestos que a las palabras...».

Precisamente, una buena cita es otra de esas formas de empezar una charla que llama mucho la atención; puedes hacer referencia a una película o implicar a alguien de forma personal: *¿Quién eres?*

Esta pregunta suele responderse con el nombre y quizás la profesión de la persona preguntada. Jesús Alcoba insiste: «No te pregunto tu nombre ni tu profesión; quiero saber quién eres». Y entonces explica que todos somos un conjunto de recuerdos, de historias que configuran nuestra vida. Esto le sirve para adentrarse en la explicación sobre la importancia de las historias para los seres humanos.

Un gran genio, Alcoba, autor de más de una decena de libros cuya lectura recomiendo.

También hay palabras mágicas que ayudan a captar la atención, como *imaginad* o *pensad*, y verbos con fuerza, como *asustar, tiritar* o *impactar*. Internet está lleno de propuestas para iniciar un discurso con impacto. Seguro que encuentras la fórmula que mejor se adapta a tu situación.

Carlos Salas, periodista y profesor de comunicación y *storytelling* en diversas universidades y escuelas de negocio, ha publicado algunos libros sobre cómo mejorar la escritura, uno de los cuales contiene hasta 36 formas de empezar: *Storytelling. La escritura mágica* (Salas, 2017). Es muy útil tenerlo a mano.

Las técnicas de venta usan a menudo historias humanas y emociones para persuadir a los clientes, y también para captar la atención.

> Sorprende a tu audiencia constantemente. Que tu discurso se parezca más a una montaña rusa que a las hipnotizantes vías del tren.

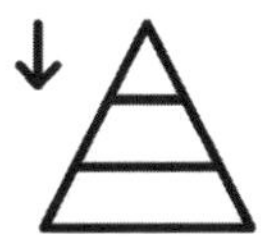

Un ejemplo muy claro lo mostró Bárbara Minto con su principio de la pirámide:

Este principio facilita captar los mensajes de una consultoría de una forma ágil y sin tener que extenderse en reuniones largas hasta que se accede a la información más importante.

Los consultores de McKinsey, empresa para la que trabajó Minto, realizaban una gran labor de análisis, creaban los argumentos clave y ofrecían soluciones imaginativas. Sin embargo, a la hora de exponerlo, no conseguían transmitir bien la información ya que se trataba de análisis muy complejos.

Sus presentaciones comenzaban con una exposición sobre la empresa para la que trabajaban: «Nos dedicamos a la consultoría, tenemos x empleados, etc.». Esto hoy en día es algo que debemos evitar. Lo he vivido muchas veces: trabajaba para una organización multinacional y, cuando necesitábamos un servicio, pedíamos propuestas a tres proveedores potenciales. Sus presentaciones comenzaban con dos o tres diapositivas sobre sus compañías, información completamente innecesaria, pues ya disponíamos de ella.

Actualmente, cualquier miembro de una organización que quiera contratar los servicios de una empresa, o incluso de una persona, visita primero su página web o su perfil en las redes sociales, así que no es necesario aburrirlo (o impulsarlo a coger su móvil) con esa misma información.

Tras la presentación de su empresa, los consultores de McKinsey continuaban con una prolija exposición sobre todos los parámetros examinados. Imagina un caso sencillo: «Hemos examinado su empresa, que se creó hace 35 años. Se dedican ustedes a la transformación del acero en... tienen 422 empleados en cuatro centros de trabajo diferentes... su facturación anual asciende a...». Los asistentes a la reunión ya disponían de toda esa información y se iban aburriendo más con cada minuto que pasaba.

La pirámide de Minto propone establecer relaciones verticales entre los aspectos más destacados y comenzar con el punto clave que se quiere comunicar; después vendrán los argumentos que respaldan esa solución y se terminará con los datos en los que se basan esos argumentos.

Imagina que un consultor llega a una de estas reuniones en las que están los directivos de la organización a la que asesoran y empieza de la siguiente manera: «Hemos averiguado que están perdiendo 46 € diarios en su Departamento de Comunicación porque no tienen bien estructurados los recursos de...». Al empezar así, el receptor tiene desde el primer momento a mano el conflicto y enfocada la solución. La presentación ahora es mucho más fácil de seguir.

Piensa en un juicio para determinar si hubo una rescisión de contrato mercantil o un despido improcedente. Es el típico caso del falso autónomo. Si cualquiera de los abogados empieza con un relato cronológico o moviéndose de lo general a lo particular, el juez no le prestará atención; ese relato ya está en la demanda o en la contestación. Pero si vas directo al punto clave, tendrás muchas más posibilidades de que te escuchen: «Señoría, Pepe Pérez era empleado de Alfa porque cumplía un horario como el del resto de sus compañeros, disponía de un despacho en la empresa y la forma de realizar su trabajo le venía indicada por su jefe directo».

Después podrás hacer referencia a las pruebas que respaldan estos argumentos, a la tipicidad de los hechos y a los ejemplos que la jurisprudencia ofrezca.

En una época en la que todo va muy deprisa, en la que se dispone de poco tiempo, la brevedad es un manjar para los jueces y oro para cualquier profesional.

Piensa por un momento en las reuniones de las juntas de copropietarios: se alargan indefinidamente porque no se preparan con anterioridad. Las soluciones solo aparecen al final tras una exposición, a menudo, larguísima.

Si quieres persuadir, capta la atención desde el primer momento, sé directo y dispón de una estructura reconocible.

Recuerda que a los seres humanos nos encantan las historias, hasta el punto de que hemos desarrollado técnicas y estructuras para contarlas que sabemos que nunca fallan.

El viaje del héroe es una de ellas:

- Planteamiento: El protagonista vive tranquilo hasta que, de repente, aparece un problema: el conflicto. El protagonista tendrá que salir de su zona de confort.
- Nudo: Su viaje por el mundo exterior, o interior, estará lleno de dificultades que irá superando hasta enfrentarse a la gran prueba.
- Desenlace: El protagonista vence todas las dificultades y regresa a su mundo transformado en un ser nuevo, normalmente mejor.

Estas estructuras las hemos visto en el cine o en las series de televisión: la historia de Bilbo Bolsón, la de Luke Skywalker o la de Daniel LaRusso son muy similares.

Sin embargo, en los últimos tiempos, la forma de contar historias ha incluido algunos cambios. Si has visto películas como *Lo que el viento se llevó* u otros clásicos, recordarás que sus inicios eran diferentes. *Lo que el viento se llevó* trata sobre una guerra, pero esta no empieza hasta el minuto 35.

Previamente hemos visto los títulos de crédito, los paisajes del sur estadounidense, a Escarlata O'Hara y sus vestidos, la fiesta en los doce robles y cómo, poco a poco, van apareciendo los distintos personajes. En realidad, podías llegar 5 min tarde a una de estas películas y no te habías perdido nada importante.

Hoy en día, llegas 1 min tarde y te has perdido una secuencia llena de acción y casi imprescindible para entender la película.

Piensa en títulos como *Misión imposible*, *Casino Royal* o *Wonder Woman*. Todas estas películas empiezan con una secuencia de acción espectacular que introduce el conflicto ante el que se exponen los protagonistas. A veces incluyen los títulos de crédito tras esa secuencia, otras ni eso; se dejan para el final.

El objetivo es captar la atención desde el primer momento.

El cine llega hasta el extremo de utilizar esta técnica para dejar al espectador pendiente de todo lo que ocurra, aunque la historia deba seguir una estructura lineal con una aproximación paso a paso a los sucesos que nos van a contar.

Un buen ejemplo es la película *Salvaje* (Unhinged): empieza con Tom (interpretado por Russell Crowe) en el interior de un gran todoterreno negro aparcado a la puerta de una casa. Son las 4 de la madrugada y llueve con fuerza. Tom, con cara de pocos amigos, mira su teléfono móvil y se fija en el anillo de compromiso en su mano; se lo quita y lo tira hacia atrás en el interior del coche. Coge una lata con gasolina y un hacha y se dirige hacia la casa. Empieza a romper la puerta, se oyen gritos y se encienden las luces. El hombre que abre la puerta es derribado por Tom y el resto de los gritos son pronto acallados, probablemente con el hacha. Desde el exterior de la casa, se ve cómo Tom esparce la gasolina por el interior, le prende fuego, sube a su vehículo y se marcha. La explosión de la casa da paso a una escena completamente diferente: Rachel prepara el desayuno a toda prisa para su hijo; le va a llevar al colegio, lleva prisa...

En este momento, durante la escena *tranquila* y cotidiana de la madre y el hijo preparándose para subir al coche e ir al colegio, el espectador se ha quedado con un montón de preguntas: ¿qué ha ocurrido con Tom? ¿Por qué ha quemado la casa y asesinado a sus ocupantes? ¿Qué papel desempeña el anillo de compromiso que se quita? ¿Qué tiene que ver todo ello con Rachel y su hijo?

Parece obvio que Tom y Rachel acabarán cruzando sus caminos, pero la película ha conseguido su propósito: enganchar al espectador y mantenerlo atento a la pantalla.

Lo mismo podemos hacer en nuestros discursos: empezar con acción y dejar al público haciéndose varias preguntas orientando su atención hacia el mensaje que vamos a transmitir.

Por último, la sorpresa puede proceder también de ofrecer una perspectiva diferente. Piensa en esas presentaciones que hacemos de forma recurrente: a menudo hacemos un copipega de la presentación del año o del trimestre anterior, cambiamos los datos y volvemos a ofrecer un relato parecido. Lo he visto con frecuencia a la hora de presentar un plan de actividades para el año, presupuestos y objetivos, los resultados del año anterior o situaciones similares.

Un buen ejemplo lo ofrecen las noticias que se repiten cada año y a las que no prestamos ninguna atención, por ejemplo, la vuelta al cole. Todos los años, cuando llega septiembre, los medios de comunicación nos ofrecen la noticia de la vuelta al colegio. Las narraciones son casi idénticas: presupuesto económico para los padres, el niño que no quiere separarse de la madre pues es la primera vez, la rutina de los comedores, etc. Lo mismo ocurre con las noticias sobre el desfile de las Fuerzas Armadas:

Las noticias cada año son muy similares: la Patrulla Águila que surca el cielo dibujando los colores de la enseña nacional, el homenaje a los caídos, la legión desfilando a 160 pasos por minuto, los aplausos a la Guardia Civil, etc.

Un año, sin embargo, el paracaidista que bajaba la bandera nacional para su homenaje se enredó en una farola; todos los medios abrieron con este hecho: ¡por fin había algo diferente que contar!

Buscar una perspectiva diferente a la hora de realizar una presentación o, incluso, un informe ante un juez puede resultar una magnífica forma de captar la atención. Lo hemos visto recientemente con el testimonio de los médicos que atendieron a la víctima de una violación y tentativa de homicidio: «Las lesiones que tenía la chica las vemos más en la sala de autopsias que en una consulta médica».

Esta óptica resultó contundente, y así se ha reflejado en la sentencia.

Si quieres persuadir, capta la atención
desde el primer momento,
sé directo y dispón de una estructura
reconocible.

4. Estructurar

Tras el gancho viene el inicio. Se conoce como *introducción* y es la primera parte de un discurso que contará, además, con un *desarrollo* y una *conclusión*.

Al final de la charla, el juez o la audiencia recordarán especialmente el inicio o el final. Cuida, por tanto, lo que incluyes al principio y, de forma especial, tu final.

La estructura de un informe ante el juez o de un discurso tiene una gran importancia para que el receptor comprenda lo que le estamos intentando decir. Ya he explicado cómo hemos desarrollado estructuras reconocibles para contar historias. Es el mensaje. En la comunicación entre seres humanos intervienen varios elementos (hablaremos de ellos más adelante); tres de ellos son fundamentales: emisor, receptor y mensaje.

El emisor codifica el mensaje, normalmente con palabras y frases, y lo lanza al receptor. Si la estructura del mensaje no es la adecuada, el receptor entenderá algo diferente a lo que el emisor pretendía:

«El próximo día 15 comienza el curso para el personal de atención a los alumnos» expresa algo distinto a: «El curso de atención a los alumnos comienza el próximo día 15 para el personal».

En la primera frase hablamos de un curso para los empleados del Departamento de Atención a los Alumnos. En la segunda, está claro que empieza un curso sobre cómo atender a los alumnos y es para todo el personal.

Otro ejemplo muy claro se refiere a las frases subordinadas o el exceso de explicaciones introducidas mediante paréntesis o guiones:

«El pasado día 20, a causa de la puesta en marcha de la piscina para la temporada de verano que todos los años iniciamos el primer fin de semana del mes de junio (excepto en 2020 a causa de la pandemia de COVID-19), se detectaron ciertas anomalías en el funcionamiento de la depuradora, que recordemos tiene ya veinte años, lo que ha obligado a retrasar la apertura hasta después del día 15 de junio, que es la fecha prevista para que estén realizadas las reparaciones».

¿Qué quiere decir esta frase?

El mensaje principal es avisar de que la piscina se abrirá tras el 15 de junio. Yo lo haría de la siguiente forma: «Este año se retrasa la apertura de la piscina a causa de una avería de la depuradora. Está previsto que las reparaciones terminen el próximo 15 de junio, fecha a partir de la cual se abrirá la piscina». Así eliminamos información innecesaria y con un punto facilitamos la comprensión de las frases.

El objetivo es que emisor y receptor entiendan el mismo mensaje.

Un ejercicio que suelo realizar con los alumnos que asisten a mis cursos es solicitar una redacción sobre cómo vivieron la pandemia de la COVID-19. Introduzco una pequeña trampa al invitarles a sentirse periodistas y escribir como si se tratara de un artículo. El resultado ayuda a entender cómo estructurar adecuadamente.

A veces, las redacciones adoptan una estructura cronológica:

> «El 14 de marzo de 2020, me encontraba... cuando supimos que el presidente del Gobierno había decretado el estado de emergencia confinando a los españoles en sus casas. El lunes no habr*ía que volver a la universidad, las clases quedaban suspendidas durante quince* días; después, aparecieron las teleclases. Aprendimos a teletrabajar, a cocinar... Muchos fueron los desafíos que... Lo más duro fue no poder estar con mis abuelos... Poco a poco, empezó la desescalada».

Otros, sin embargo, se esfuerzan por crear una redacción con cierto nivel literario:

> «Fueron muchas las emociones que experimentamos. Los abrazos se convirtieron en aplausos para médicos a quienes no conocíamos. Pasear al perro dejó de ser una obligación para convertirse en una necesidad. Todos nos convertimos, de repente, en chefs de alta cocina, y el papel higiénico inundó nuestros hogares».

Es lógico. Nuestra mente intenta que no se nos olvide nada, y seguir una estructura cronológica e ir de lo general a lo particular es una buena forma de evitarlo.

Yo expongo entonces la siguiente estructura y explico que cada frase desarrollaría una idea:

> 1. El siglo XX terminó y nos adentramos en el siglo XXI confiando en que no fuera tan convulso como el que acabábamos de despedir. El siglo pasado vivió dos guerras mundiales y varias locales con graves consecuencias.
>
> 2. No nos acordábamos de otros problemas. Hace cien *años, una epidemia mundial obligó a que todo el mundo saliera con mascarilla.*
>
> 3. La COVID-19 es una nueva pandemia mundial que ha causado millones de muertos.

4. Se originó en China y desde allí fue extendiéndose a todo el mundo.

5. Llegó a Europa a principios de 2020. Las autoridades confinaron a la población y recomendaron seguir ciertas normas, entre las que estaban lavarse las manos y llevar mascarilla.

6. Mi amigo Edu tenía una enfermedad grave de la que estaba siendo tratado cuando llegó la COVID-19. La vacuna no llegó a tiempo y murió en julio de 2020.

He dividido la redacción en párrafos. Es una estructura similar a las anteriores y explica con claridad cómo viví yo la pandemia y las reflexiones que me genera.

¿Es eficaz?

Si no fuera porque he mencionado que se trata de redacciones sobre la pandemia de la COVID-19 o porque todos nos reconocemos en esas vivencias, resultaría difícil saber qué nos quieren contar en los dos primeros ejemplos.

En el tercero, ¡no se menciona la COVID-19 hasta el párrafo 3! Imagina que es una redacción para alguien que no vivió la pandemia. El lector estaría perdido durante las primeras frases.

Asegúrate de que tu interlocutor
se mantenga conectado.
Para ello, deja claro el objetivo de tu mensaje
desde el primer momento.

Lee ahora el siguiente texto:

6. Eduardo Pérez yacía en una cama de la habitación 205 de la Fundación Jiménez Díaz. Estaba siendo tratado de un cáncer cuando llegó la COVID-19. La vacuna no llegó a tiempo y murió en julio de 2020. Todo su entorno había intentado aislarle para evitar el contagio, pero se produjo igualmente y su muerte fue inevitable.

5. La solución prevista por las autoridades, consistente en confinarnos, lavarse las manos y llevar mascarilla, no fue suficiente para salvar su vida.

4. La epidemia había llegado a Europa procedente de China.

3. Se trataba de una nueva pandemia mundial que causó... millones de muertos.

2. No nos acordábamos de que hace cien años una epidemia mundial...

1. El siglo XX había terminado y confiábamos en que el nuevo siglo fuera más tranquilo, pero no ha sido así.

En este caso, un nombre propio y la situación («yacía en una cama de la habitación 205») generan cierto suspense e invitan a seguir leyendo. Forman parte del gancho.

El término *COVID-19* aparece en ese primer párrafo e indica claramente de qué va la redacción. Plantea un conflicto: la pérdida de vidas humanas, y propone una solución: aprender de lo que nos enseña la historia.

Viene proporcionado por la estructura:

- Introducción: La COVID-19 causa muertes. Aquí incluyo un gancho consistente en el suspense haciendo referencia a una persona concreta en la habitación de un hospital.
- Desarrollo: Se exponen argumentos e información sobre el tema.
- Conclusión: La historia, o las experiencias previas, pueden ser enseñanzas para evitarlo en el futuro.

En función del tiempo disponible, podemos extendernos más o menos y profundizar en las reflexiones. Dividir el texto inicial en párrafos permite jugar con ellos.

En el ejemplo de arriba, me he limitado a empezar por el último y terminar por el primero, pero podría realizar diversas combinaciones:

6. Eduardo Pérez yacía en una cama de la habitación 205 de la Fundación Jiménez Díaz. Estaba siendo tratado de un cáncer cuando llegó la COVID-19. La vacuna no llegó a tiempo y murió en julio de 2020. Todo su entorno había intentado aislarle para evitar el contagio, pero se produjo igualmente y su muerte fue inevitable.

4. La epidemia había llegado a Europa procedente de China.

1. El siglo XX había terminado y confiábamos en que el nuevo siglo fuera más tranquilo, pero no ha sido así.

3. Se trataba de una nueva pandemia mundial que causó... millones de muertos.

5. La solución prevista por las autoridades, consistente en confinarnos, lavarse las manos y llevar mascarilla, no fue suficiente para salvar su vida.

2. No nos acordábamos de que hace cien años una epidemia mundial...

Lo único que variaría serían los conectores, las palabras o frases que enlazan unos párrafos con otros. La historia sigue teniendo sentido.

Juega con ello. El objetivo es conectar captando la atención. Es más fácil de hacer cuando tenemos muy claro lo que queremos comunicar.

Fíjate en los encuestadores o en voluntarios de las ONG que buscan en la calle que les prestes un momento de atención. Muchos te abordan con una pregunta: ¿Tienes un momento? Tu respuesta: «No, tengo prisa». Al ponerte la respuesta prácticamente en la boca, tienen poco éxito.

«¿Quieres salvar a Ismael por 1 €?» es lo que me dijo una joven al pasar por la plaza de Alonso Martínez. Hablé con ella un rato y me comprometí con cierta colaboración. A la vuelta, seguía en el mismo lugar junto a otros voluntarios y me quedé un rato observándolos. Tenía más éxito que el resto; su sonrisa y la franqueza con la que abordaba a la gente que pasaba generaban confianza y conseguía que se pararan muchos más que el resto.

«¿Quieres salvar a Ismael por 1 €?» es una frase directa que hace referencia a un niño, por lo que el receptor puede preguntarse quién es. Funciona.

Algo que me sorprende mucho es la reticencia de los alumnos a usar los nombres de las personas a quienes hacen referencia en sus redacciones. Muchas veces han experimentado el fallecimiento de personas cercanas como consecuencia de la pandemia; a veces los mencionan indirectamente, otras ni siquiera lo hacen, ocultando así sus sentimientos.

Somos seres emocionales y, cuando nos mostramos como humanos, conectamos mucho mejor con los demás. ¿Por qué evitarlo? Cuando un orador se muestra con sus sentimientos, llega mucho mejor al corazón de la audiencia.

Es obvio que, en un alegato ante un juez, no vamos a exponer nuestros sentimientos personales; sin embargo, sí podemos evidenciar la realidad humana.

Fui testigo de ello en un juicio por un robo que había ocurrido nueve años antes: el abogado se esforzó en destacar las consecuencias humanas que para su defendido tenía una condena cuando ya había reconducido su vida, trabajaba y era padre de familia. Un análisis frío de los hechos, excluyendo el componente humano, no reflejaba adecuadamente la desproporción de la condena prevista por la ley.

Es probable que recuerdes el proceso ante la junta de seguridad del transporte aéreo por el amerizaje de un avión en el río Hudson en enero de 2009. Se evaluaban las decisiones del capitán, Chesley Sullenberger, y si fueron las adecuadas. En el incidente, se salvaron todos los pasajeros y la tripulación, pero se perdió el avión, que fue a parar al fondo del río. ¿Podrían haber aterrizado en alguno de los aeropuertos próximos?

En la película dedicada al suceso, *Sully*, se muestra que las simulaciones realizadas evidenciaban que se podría haber llegado a cualquiera de los dos aeropuertos, salvando así tanto al pasaje como el avión. El capitán dejó claro que el análisis no podía realizarse prescindiendo del factor humano: los protocolos de actuación no pueden seguirse como si fuéramos robots; hay lapsos de tiempo para la toma de decisiones. Las decisiones humanas se toman con el cerebro, pero nacen en el corazón. Cuando emocionamos, convencemos.

Todos los departamentos de marketing lo saben: los ciudadanos compran emociones. BMW no vende coches, vende «el placer de conducir».

Las técnicas de venta usan a menudo historias humanas y emociones para persuadir a los clientes. Es la emoción la que nos liga a otros seres humanos, convirtiendo ese nexo en la mejor técnica para convencer. Si queremos convencer —debería decir «conquistar»— a alguien con nuestro discurso, tenemos que enamorarle.

¿Cómo?

Nos enamoramos de la conducta ejemplar de las personas, de su filosofía de vida o de su propósito. Pensemos en la Madre Teresa de Calcuta. No es solo una santa de la Iglesia católica; su ejemplo la hizo acreedora de multitud de reconocimientos en el mundo entero, destacando el Premio Nobel de la Paz, que recibió en 1979. Un orador que se entrega con generosidad a su audiencia está dando los primeros pasos para seducirla.

Nos enamoramos de personas, grupos sociales o marcas con los que nos identificamos. A ello recurren con frecuencia los políticos. Recordemos la victoria de Bill Clinton en 1992. Su rival, George Bush padre, gozaba de una altísima popularidad (en torno al 90 %) cuando James Carville, estratega de campaña de Bill Clinton, acuñó la famosa frase: «Es la economía, estúpido». Generó con ello un relato con el que muchos norteamericanos se identificaron: ¿qué me aporta personalmente que Estados Unidos sea una potencia militar o el éxito de la guerra fría? Lo importante son mis necesidades y cómo las cubro: el dinero que ingreso, la cobertura de mi salud. Con este argumento consiguió el apoyo popular para Clinton.

Algo parecido realizó años más tarde Donald Trump: «*Make America great again*» («Que América sea grande de nuevo»).

La identidad facilita el acercamiento. Por eso pensamos en la audiencia para ofrecerle algo que le resulte familiar. Puede hacerse en una conferencia o en una negociación cuando exploramos aficiones o contactos en común para romper el hielo con la otra parte o incluso con el juez cuando le ofrecemos argumentos que encajan en su análisis.

Por último, algo que también nos enamora es la empatía. Cuando alguien se pone en nuestros zapatos de verdad, genera una conexión que se recuerda para siempre.

¿Cómo me pongo en los zapatos del juez? Es obvio que no se trata de hacerlo de forma directa, pero ¿has pensado en lo favorable que estará a tu posición si le ofreces argumentos sólidos para su sentencia?

Lo mismo ocurre en un discurso: la audiencia conecta con el orador que conecta con sus situaciones.

La exposición de tus argumentos puede adoptar diversas estructuras. Dependiendo del tiempo del que dispongas, puedes incluir ejemplos que faciliten la compresión de lo que cuentas.

Las estructuras más reconocibles son las siguientes:

- **Cronológica.** Resulta muy útil para el relato de historias o para un discurso en la celebración de un aniversario.

- **Temática.** Es la estructura habitual para exposiciones pedagógicas; dividimos lo que queremos contar en temas generales, subtemas, etc.
- **Espacial.** Se emplea en caso de tener que exponer situaciones relativas a distintos lugares, reflejar los progresos en regiones que tienen diferentes problemas o grados distintos de progresión.
- **Causal.** Vinculamos la causa con el efecto, o al revés.
- **Comparativa.** Analizamos similitudes y diferencias.
- **Problema/solución.** Es la estructura más reconocible del discurso del ascensor (*elevator pitch*). Describimos el problema y ofrecemos la solución. ¿Recuerdas el ejemplo de la pirámide de Minto?
- **Particular-general-particular.** Empiezas describiendo una situación específica, planteas la posibilidad de que se generalice y terminas con una solución particular del problema.

5. Desenlace

Todo discurso requiere un desenlace brillante, y es probablemente tan difícil de preparar como el gancho con el que captamos la atención.

Los cineastas lo saben: si el final no es bueno, la película tendrá dificultades para triunfar.

En primer lugar, olvídate de los tópicos, como el de dar las gracias: piensa en una presentación. Has seguido al orador desde el inicio y tu estado de ánimo es positivo: supo captar tu atención, los argumentos expuestos eran coherentes e interesantes, en algún momento te ha emocionado y, sin más, aparece la típica diapositiva con «MUCHAS GRACIAS» y un muñecote que ya has visto otras veces; la decepción es enorme. Es como un suflé que se viene abajo.

Si quieres que recuerden tu discurso, debe haber un tachán, una explosión final, que es lo que recordará tu audiencia y te hará memorable.

Cómo ganarte a la audiencia

Te ofrezco seis formas diferentes:

1. **Llamar a la acción.** ¿Recuerdas el discurso de Jobs en Stanford? Su final animaba a la búsqueda de caminos y oportunidades y a hacerlo con un punto de locura: «Permaneced hambrientos y locos».
2. **Introducir una sorpresa.** Así lo hizo J. K. Rowling, autora de las novelas de Harry Potter, cuando en 2008 se dirigió a los alumnos de Harvard. Los animó a no rendirse ante los posibles fracasos y reveló cómo su propia situación como madre recién separada y pobre fue la energía que la llevó a desarrollar su imaginación y a escribir el gran éxito que fueron sus novelas (traducidas a 88 idiomas, más de quinientos millones de copias, siete películas con récords de recaudación, museos, márquetin y un largo etcétera). Su historia personal sirvió para captar la atención al final del discurso y constituyó en sí una sorpresa.
3. **Usar una anáfora.** Algunos discursos usan la anáfora como recurso para que su estructura sea fácil de entender y de seguir; es lo que hizo Martin Luther King con su famoso «Yo tengo un sueño»:

> Yo tengo el sueño de que un día esta nación se elevará y vivirá el verdadero significado de su credo...
>
> Yo tengo el sueño de que un día en las coloradas colinas de Georgia...
>
> Yo tengo el sueño de que un día incluso el estado de Misisipi...
>
> Yo tengo el sueño de que mis cuatro hijos pequeños vivirán un día en una nación donde no serán juzgados por el color de su piel...
>
> ¡Yo tengo un sueño hoy!

El final era la respuesta a ese deseo: «Seremos capaces de acelerar la llegada del día en el que todos los niños de Dios, hombres negros y hombres blancos, judíos y gentiles, protestantes y católicos, serán capaces de unir sus manos y cantar las palabras de un viejo espiritual negro: «Por fin libres. Libres al fin. Gracias, Dios todopoderoso. Por fin somos libres».

También podría haberlo expresado con la misma frase: «Yo tengo el sueño de que al final llegue un día en el que todos los hijos de Dios, blancos, negros...».

4. **Responder al conflicto inicial.** Podemos recurrir a responder al conflicto que planteamos al inicio: imagina que quieres convencer al juez de que tu defendido era en realidad un empleado y el final de su relación con la empresa, lejos de ser una rescisión de contrato, es un despido improcedente. Podrías haber empezado con la pregunta: «¿Era Fulanito un empleado de Alfa?». Tu conclusión sería la respuesta: «Tras lo expuesto, no hay otra conclusión posible: Fulanito era empleado de Alfa por (las razones que has conseguido probar)». Si estuvieras intentando vender algo, tu final sería demostrar que adquirir lo que ofreces solucionará el problema que tu comprador potencial tiene.

5. **Repetir la cita con la que iniciaste tu discurso.** Piensa que comenzaste con una cita de Oscar Wilde: «Nunca hay una segunda oportunidad para causar una primera buena impresión». Tu discurso ha versado sobre los distintos estudios y argumentos sobre el impacto del primer encuentro entre las personas y vas a terminar. Podrías hacerlo recurriendo a ese pensamiento diciendo algo así: «Las relaciones entre seres humanos mejoran con las sonrisas y las miradas sinceras; sonríe cuando te presenten a alguien y recuerda que, como decía Wilde, "No tendrás una segunda oportunidad para causar una primera buena impresión"». Esta estrategia resulta muy útil en discursos cortos.

6. **Hacer una reflexión o final abierto.** Ha de ser una invitación a pensar sobre lo expuesto. ¿Recuerdas el discurso de William Wallace antes de la batalla de Stirling? En la película *Braveheart* lo puedes ver. Los soldados escoceses empezaban a huir ante el muy numeroso ejército inglés. Wallace, interpretado por Mel Gibson, se dirige a ellos y, sin cuestionar por qué quieren huir, los anima a reflexionar: «¿No estar*íais* dispuestos a cambiar todos

los días desde hoy por una oportunidad, ¡solo una oportunidad!, de volver aquí a matar a nuestros enemigos?».

También puedes usar la combinación de varias de estas estrategias.

El final de un discurso debe, sobre todo, proporcionar una respuesta al conflicto planteado en la introducción.

En ocasiones podemos encontrarnos ante un discurso aspiracional. El discurso de Luther King es un buen ejemplo. El enfoque aspiracional en los discursos es una técnica poderosa que busca inspirar y motivar a la audiencia al presentar una visión idealizada o un objetivo deseable para el futuro. Este tipo de enfoque apela a los sueños, esperanzas y aspiraciones de las personas creando un sentido de propósito y dirección. Los discursos aspiracionales se caracterizan por su capacidad de generar entusiasmo y movilizar a las personas hacia la acción; establecen una conexión emocional fuerte con la audiencia.

Al hablar de aspiraciones y sueños compartidos, el orador logra resonar con los sentimientos y deseos profundos de los oyentes, lo que facilita mayor receptividad y compromiso; un discurso aspiracional presenta una visión clara y convincente de lo que se puede lograr. A menudo refuerza valores y principios fundamentales y, al hacerlo, alinea los objetivos aspiracionales con los valores de la audiencia, lo que aumenta la relevancia y el impacto del mensaje. Estos discursos han dejado una marca perdurable debido a su capacidad para inspirar, motivar y movilizar a las personas hacia una visión común y aspiracional.

Humaniza tu discurso.
Al mencionar a las personas en tu comunicación, despiertas la empatía y conectas mejor con tu audiencia.

6. Conclusión

Escribir un guion es importante. Su estructura debe ser reconocible: introducción, desarrollo y conclusión.

Hay que realizar un esfuerzo especial para captar la atención. Existen varias técnicas, pero, si hay alguien que era un maestro captando la atención, era Jobs. Te recomiendo que veas el vídeo de su presentación del MacBook Air en el siguiente QR (dvmadeeasy, 2008).

Ver la presentación del MacBook Air
por Steve Jobs en 2008

Fíjate en cómo empieza: «Hay algo en el aire» (el producto que se iba a presentar era el MacBook Air). Su exposición continúa con el conflicto: queremos hacer el ordenador portátil más fino del mercado. La conclusión no podía ser otra: Apple te ofrece el MacBook Air, que es la solución.

La presentación es genial y enamora: quieres tener el portátil más fino del mercado y, además, es Apple. En sus presentaciones, Jobs interactuaba con el público y con las diapositivas. Es un aspecto importante al que dedicaré un capítulo. Por ahora, solo piensa en que una presentación no es la chuleta de tu discurso; se prepara para ayudar a la audiencia a entender mejor lo que le vas a contar. Fíjate en el vídeo citado en cómo lo hace Jobs.

Sorprender a la audiencia es clave para captar su atención. Recuerda que el orador debe conseguir tres cosas: que le atiendan, le entiendan y le recuerden, en este orden.

Lo primero lo consigues captando la atención, lo segundo, con una estructura definida, y serás memorable si has sorprendido y ofreces un final que aporte valor.

Enamora, seduce con tu discurso, y convencerás.

3
Enamora a la audiencia

Al inicio del libro te explicaba que el primer paso para un buen discurso es pensar en la audiencia. La audiencia es el elemento más importante de cualquier comunicación. Solo pensando en la audiencia podemos comprender el alcance de la comunicación y adecuar sus elementos para que el mensaje sea eficaz.

Ya hemos visto cómo nos enamoramos a través de la identificación, la empatía o el propósito. El orador que seduce a su audiencia conecta con ella y tiene muchas posibilidades de éxito.

Hace ya algún tiempo descubrí el poder que la música tiene para conectar con la audiencia. Gracias a mi afición al cine, he comprobado cómo opera la música en las películas y cómo contribuye de forma esencial a crear la emoción, especialmente cuando acompaña la escena sin interferir en ella.

Cuando preparaba la primera clase que iba a impartir a los alumnos del Grado de Diseño de videojuegos en la U-tad, pensé que necesitaba emocionarlos de alguna manera.

Me iba a encontrar ante jóvenes que quieren diseñar aventuras o juegos, dibujar o crear música, y les tenía que enseñar Habilidades de comunicación y presentaciones y Propiedad intelectual. Aunque son asignaturas necesarias, imaginaba que no eran las que más podrían interesarles; necesitaba apelar a la emoción, y la música me dio la clave.

Decidí iniciar la primera clase con una secuencia de la sesión de trabajo para aprobar la realización de la película *El gran showman*: el equipo de la película decidió usar las canciones de la misma para enamorar a los ejecutivos de la 20th Century Fox y que aprobaran el presupuesto. La canción principal es *This is me*, y en esa sesión de trabajo Keala Settle la interpreta con una indescriptible emoción.

This is me (El gran showman), por Keala Settle (Rotten Tomatoes Coming Soon)

Conté a los alumnos la historia de la génesis de esa sesión, y a continuación vieron y vivieron la canción. Al terminar, había lágrimas en los ojos de varios, y algunos me han confesado posteriormente que tras iniciar de esa manera la asignatura supieron que iba a ser algo especial.

He usado esa misma secuencia y otras en alguna ocasión y el efecto ha sido igual de contundente.

Es obvio que no te vas a llevar un equipo de música al juzgado para emocionar al juez, pero como este es un manual para todo aquel que decida enfrentarse a una audiencia, puedes usarlo en tus clases o conferencias.

1. Elementos de la comunicación

La comunicación ocurre cuando un emisor y un receptor se conectan con una mínima intencionalidad: el emisor tiene el propósito de transmitir un mensaje y el receptor está dispuesto a escuchar.

En este proceso, lo que realmente se transmite es el mensaje, sin embargo, los elementos que completan el contexto de la comunicación son numerosos y todos influyen en el resultado final. A continuación, exploramos los elementos esenciales de la comunicación. La efectividad de la comunicación depende de cómo estos elementos interactúan y se ajustan entre sí, influenciados por diversos factores, como el contexto, el canal y las respuestas de los participantes. Más allá de esta interacción básica, es fundamental considerar todos los demás elementos que forman parte integral de la comunicación, ya que cada uno contribuye de manera significativa al resultado final del intercambio comunicativo:

1. **Emisor.** Es quien inicia la comunicación. Tenemos la necesidad o el deseo de transmitir una idea a otros. En un juicio, el abogado debe trasladar al juez un mensaje integrado por un relato y los argumentos a favor de su cliente. En una negociación, quien la inicia se convierte en el primer emisor, posición que después adquirirá la otra parte. En una charla puede parecer que el emisor es solo el orador; sin embargo, la audiencia también adquiere la posición de emisor a través de sus respuestas emocionales o del lenguaje no verbal.
2. **Mensaje.** El emisor codifica la idea a través de palabras, símbolos o gestos para transmitirla. El guion recoge las palabras, pero también debemos preocuparnos por la forma en la que estas serán transmitidas: nuestros gestos y nuestra voz forman parte del mensaje. Debe ser claro, y todo influye. Imagina que alguien te saluda y te pregunta cómo te encuentras; si tus palabras «muy bien» son dichas con un tono de voz lastimero, con un volumen bajo y una cara triste, el receptor del mensaje se sentirá confundido.

   Quizás hayas oído hablar de las charlas TED (*TED talks*). En ellas, oradores de diversa condición exponen sus pensamientos, estudios o ideas durante 18-20 min. Habitualmente conocen bien el contenido; sin embargo, ensayan su charla hasta ochenta veces porque incorporan cómo van a ir enunciando sus frases y cómo serán sus gestos y pausas. Si ensayas tu discurso frente a un espejo o grabándolo con el teléfono móvil, descubrirás que hay gestos y pausas que aportan mucho significado.
3. **Canal.** El mensaje se envía a través de un medio. El informe en un juicio viaja por el aire de la sala en donde se celebra, pero si se trata de una vista *online*, el mensaje viaja a través de la conexión de Internet y mediante la herramienta que usemos: Zoom, Google Meet, Teams, Webex o la que sea. También podemos estar ante una comunicación escrita; en ese caso, el medio puede ser el papel o el correo electrónico. Un salón de actos o una sala de reuniones ofrecen el mismo canal.

4. **Situación.** Es el momento y el lugar en los que se produce la comunicación. ¿Te has preguntado alguna vez si tu mensaje se recibe de forma diferente por un juez a primera hora de la mañana o al final de ella? Es obvio que estará más dispuesto a aceptar un alegato largo a primera hora que a última. Lo mismo ocurre con las conferencias. ¿Te has fijado en las mesas redondas con varios intervinientes? Salvo que el moderador sea muy hábil, el último en intervenir tiene que redoblar sus esfuerzos para no repetir lo que se haya mencionado y ajustarse al tiempo estipulado para todos, especialmente si quienes le precedieron en el uso de la palabra se extendieron más de la cuenta. ¿Te has planteado alguna vez cuál es el momento más oportuno para enviar un correo electrónico o realizar una llamada? Si lo haces, ya estás considerando la situación y pensando en la audiencia; has emprendido una senda de éxito.
5. **Receptor.** Se trata de la persona destinataria del mensaje, el elemento más importante de la comunicación. Pueden ser la audiencia, el juez, los alumnos de nuestra clase, etc.
6. **Interferencia (ruido).** Es cualquier cosa que afecte a la comunicación. Podemos estar ante distorsiones ocasionadas por el propio canal, como una mala conexión de Internet. Puede tratarse de ruido en la calle o en los pasillos del juzgado que llega al interior de la sala y genera distracciones. Seguro que has visto más de una vez al juez solicitando a un oficial que pida al público que está fuera de la sala que baje el volumen de sus conversaciones. En una conferencia podría ocurrir lo mismo. También puede tratarse de interrupciones generadas por una llamada telefónica o por una actitud boicoteadora de algún miembro de la audiencia.
7. **Retroalimentación.** Está integrada por comentarios o por la respuesta del receptor. Puede ser verbal o no verbal. Permite al remitente determinar si el mensaje ha sido recibido y comprendido. Los gestos que pueda realizar el juez o las preguntas para aclarar algún tema forman parte de esa retroalimentación. En una conferencia, el lenguaje corporal del público es una información valiosísima para el orador. En una negociación, la respuesta de la otra parte no solo matiza nuestro mensaje, sino que, convirtiéndose en emisor, reinicia la comunicación.

En toda comunicación se dan factores que la facilitan y otros que la bloquean: una actitud positiva por parte del juez o de la audiencia les predispone a recibir el mensaje. Los estados emocionales pueden ser muy útiles en el brindis que realicemos en una boda, por ejemplo. La empatía y la asertividad serán dos factores esenciales para que la comunicación fluya.

Por el contrario, la elección inadecuada del lugar o del momento para dar tu charla, la agresividad y el uso de etiquetas («Eres un...»), generalizaciones (Siempre, nunca, etc.) o ambigüedades no ayudan a que la comunicación fluya.

¿Y las muletillas?

2. Elimina las muletillas

Las muletillas son sonidos, palabras o frases que, sin tener un significado concreto, se introducen en nuestro discurso para rellenar esos huecos que hacemos para pensar lo que vamos a decir a continuación. Cuando se repiten demasiadas veces afean mucho los discursos y pueden convertirse en un obstáculo para la comunicación eficaz.

Las más comunes en español son las siguientes:

- Sonidos: *ehh, uhm, ahh* y *mmhh.*
- Palabras: *¿Verdad?, ¿No?, Si, OK, Ya, ¿Entiendes? Pues* y *Estooo...*
- Frases: *O sea, ¿Sabes lo que quiero decir?, Pues nada* y *Vamos a ver.*

También se consideran muletillas algunos gestos que se repiten hasta convertirse en tics, como acomodarse el pelo repetidamente o rascarse; hablaremos de ellas cuando revisemos el lenguaje corporal.

Si en un discurso se te escapan dos o tres muletillas, no pasa nada; el problema surge cuando se repiten en exceso, pues incomodan a la audiencia. En este caso te hacen parecer inseguro y afectan a tu credibilidad como orador.

Eliminarlas es más sencillo de lo que parece:

- **Reconócelas y determina su frecuencia.** Utiliza tu teléfono móvil para grabarte un discurso; no lo leas, dilo como si estuvieras en un auditorio. Examina después la grabación y encuentra cuántas y qué tipo de muletillas utilizas.

- **Ralentiza tu discurso.** Reduce exageradamente la velocidad a la que hablas y verás cómo aparecen muchas menos. A menudo, las muletillas vienen provocadas por la necesidad que tiene el cerebro de alcanzar nuestras palabras si hablamos muy deprisa.
- **Sustitúyelas por pausas o silencios.** Acostúmbrate a hacer esos silencios y a pensar durante ellos.
- **Lee y amplía tu vocabulario.** Muchas muletillas aparecen cuando no encontramos la palabra adecuada para expresar algo; un vocabulario rico reduce este problema.
- **Aprende bien el contenido de tu discurso.** No se trata de aprenderlo de memoria, sino de dominar la materia. Si dominas el contenido que vas a exponer, tu memoria lo encontrará; si no has preparado bien tu discurso, el cerebro buscará palabras en el aire, que suelen ser, precisamente, las muletillas.
- **Apasiónate con lo que vas a contar.** La pasión es un ingrediente mágico que no solo ayuda a convencer; también reduce las muletillas, pues la pasión facilita que las ideas fluyan.

Por último, practica. Hazlo grabándote y revisando el contenido. Aprovecha para elevar el volumen de tu voz como si estuvieras en un escenario; verás cómo poco a poco se van eliminando.

En la comunicación intervienen varios elementos. Los más importantes son el mensaje, el emisor y el receptor. Entre estos se establece una autopista de doble dirección que debe mantener la conexión todo el tiempo. Si los mensajes van y vuelven con fluidez, la conexión permanece.

3. Aumenta tu confianza

El uso de muletillas tiene que ver también con la confianza. Un orador confiado no suele utilizarlas. La seguridad del orador se transmite y es una característica que ayuda a la convicción de la audiencia. Gran parte de ella viene de la mano del lenguaje corporal y del uso de la voz; sin embargo, también podemos generarla cuando preparamos nuestro discurso.

Cuando organices tu discurso, documéntate al máximo; eso aumentará tu confianza y te sentirás seguro de poder responder a cualquier pregunta. En la elaboración de tu discurso habrás buscado datos ciertos y contrastados; aprovecha e infórmate sobre los autores a los que pretendes citar. Disponer de esa información te dará seguridad a la hora de citar sus frases y puede ayudarte a responder a algunas cuestiones. No dudes en utilizar tu experiencia personal; nadie mejor que tú para relatar lo aprendido a través de ella; a menudo, enseña más que muchos manuales aplicables a tu actividad.

Por supuesto, el conocimiento de jurisprudencia y doctrina relacionada con la materia te permitirá citar decisiones judiciales, apoyarte en esos argumentos y transmitir una imagen de conocimiento profundo que aumentará el respeto de tus rivales y, en su caso, del juez.

Recuerda las preguntas de los periodistas a las que hice referencia en el capítulo 2. Si te las has hecho y respondido, tu seguridad será máxima.

Llega con tiempo suficiente, no permitas que ir apurado altere tu tranquilidad.

4. Empatía

Pensar en la audiencia exige ponerse en su lugar y entender qué espera de nuestra charla. Cuando hay empatía, enseguida aumenta la confianza. La empatía consiste en escuchar y expresar atención y paciencia en los momentos adversos. Supone una sensibilidad especial para identificar el estado emocional de nuestro interlocutor y conectarse positivamente con él. El trato frío e impersonal no conectará ni conquistará la confianza de quienes nos escuchan. La empatía es el fundamento de las redes sociales.

Brené Brown la define como la conexión real que hace que los demás se sientan a gusto con nosotros y libres para ser ellos mismos. Brown dice que la empatía se conecta con la emoción que alguien está experimentando, no con el evento o la circunstancia. Consta de cuatro cualidades (Brown, 2017):

1. Tomar la perspectiva de otra persona.
2. Alejarse del hecho de juzgar.
3. Reconocer la emoción en los demás.
4. Comunicarla.

Cuando surge la empatía, el discurso se convierte en relación y las palabras en mensaje. La capacidad para convencer aumenta entonces de forma exponencial.

Para hablar bien, hay que escuchar. Es imprescindible: tenemos que escuchar a la audiencia, pensar en lo que espera: ¿por qué está ahí dispuesta a escucharte? ¿Qué razones tiene el juez para creer en tu alegato?

La empatía es especialmente importante en la relación con los clientes. Si empatizamos con ellos, les defenderemos mejor.

Utilizo a menudo una secuencia de la película *Erin Brockovich* para ilustrar este aspecto: en la película, Erin Brockovich es una asesora en el despacho del abogado Ed Masry y descubre la contaminación de las aguas en Hinkley ocasionada por la Pacific, Gas & Electric Company. Su capacidad para empatizar con los problemas médicos causados por la contaminación en los residentes la convierte en la clave para convencerlos de que inicien juntos un arbitraje vinculante. No es la solución que emocionalmente iniciarían, pero sí la más pragmática.

La secuencia a la que me refiero muestra al abogado intentando convencer a una de las familias para que firme el apoderamiento a su despacho. Durante la secuencia, de poco más de 2 min, el abogado explica que no será un procedimiento judicial (algo que probablemente los afectados querrían para ver así a los responsables de sus males sentados en el banquillo) y que sus honorarios ascienden al 40 % de la indemnización que consigan.

Brockovich, muy atenta a lo que expresan los integrantes de la familia, ayuda a reconducir sus dudas: aclara que inicialmente no se presentará una demanda judicial, pero deja abierta esa posibilidad para el futuro. Explica que, aunque los honorarios pueden parecer altos, el despacho asume los riesgos del caso y, en caso de perder, no cobraría nada. Finalmente, acepta tomar café con la familia para estrechar lazos y demuestra al abogado la importancia de cultivar relaciones cercanas con todos ellos.

Actuar profesionalmente no significa excluir la relación humana; al contrario, cuando reconocemos esa circunstancia y nos mostramos humanos, se genera una conexión muy poderosa para convencer.

¿Empatizas con tu cliente?

«Si queréis hablar a alguien, empezad por abrir los oídos».

Joseph Joubert

5. Asertividad

La asertividad es una cualidad muy ligada a la actividad del jurista: acatamos un sistema que busca equilibrar dos posiciones diferentes y respetamos a la parte contraria. Se trata de una habilidad que cualquier profesional debería dominar. En general nos cuesta llevar la contraria, pero si al hacerlo mostramos que simplemente defendemos nuestra libertad, los demás lo comprenderán.

La asertividad es una forma de comportamiento caracterizada por afirmar mis derechos o necesidades sin dejarme manipular y sin amenazar los derechos de mi interlocutor respetando su perspectiva o sus derechos. Implica expresar pensamientos, sentimientos y creencias de manera directa, honesta y apropiada. Es una habilidad fundamental para la vida que se puede aprender de forma eficaz. Las personas asertivas son francas y analizan información separando lo importante de lo que no lo es. La asertividad apoya el pensamiento creativo y la comunicación efectiva.

Lo cierto es que, aun siendo una habilidad muy valiosa para el éxito, no siempre se anima a los niños a desarrollarla; al contrario, nos entrenan para aceptar y obedecer las decisiones de nuestros padres.

La mejor manera de aprender en qué consiste la asertividad es hacerlo con ejemplos, muchos de los cuales te resultarán familiares: yo animo a mis alumnos a pensar en alguna situación en la que no pudieron decir que sí o que no a una propuesta. Una que surge a menudo con los universitarios es la invitación a fumar. Algunos afirman que les hubiera gustado decir que no, entre otras cosas porque practicaban deporte. Aceptaron porque no querían perder la amistad con quien se lo ofreció. Sin embargo, un análisis más profundo demuestra que, en realidad, no conocían cómo hacerlo asertivamente.

Analicemos posibles respuestas a la oferta por alguien que no quiere fumar:

- «No, eso te va a matar».
- «Vale, gracias. No fumo, pero por uno no pasa nada».
- «No, gracias; no fumo y el humo del tabaco perjudica mis pulmones. Te agradecería que no fumes delante de mí».

La primera respuesta es agresiva. Incluye un juicio negativo hacia la otra persona. Difícilmente te va a conectar con ella.

La segunda respuesta es pasiva. Sin expresar los propios sentimientos, acepta hacer algo contra sus ideas. Solo conduce a perder el respeto por uno mismo. En ocasiones, la repetición de esta conducta nos lleva a estallar y a rechazar de forma violenta la oferta. En este caso, no solo se rompe la comunicación, sino que nuestro interlocutor no entenderá por qué no dijimos que no desde el primer momento.

La tercera respuesta es asertiva. Sin juzgar la acción de nuestro interlocutor, expresamos cómo nos sentimos ante el hecho y muestra dignidad y respeto por uno mismo.

Piensa ahora en una situación similar: en aquella vez que fuiste incapaz de decir que no o en esa solicitud que no te atreviste a realizar (pedir una provisión de fondos o presentar unos honorarios acordes con tu esfuerzo y trabajo o solicitar un aumento de sueldo, por ejemplo).

¿Qué circunstancias, pensamientos o emociones te llevaron a decir que sí o a no realizar la solicitud?

Escríbelas antes de seguir leyendo.

La asertividad se caracteriza por afirmar mis derechos o necesidades sin dejarme manipular y respetando los derechos de mi interlocutor.

Considera ahora estos pensamientos:

- Mientras que mi interlocutor tenía el derecho a pedir, yo tengo el derecho a negarme.
- Decir que no hubiera sido rechazar la propuesta, pero no a la persona.
- Decir que no en esa ocasión no excluía decir que sí a otras propuestas.
- Si soy claro en mi solicitud de honorarios, permito que mi cliente sea claro con su opinión respecto a ellos.
- Pedir un aumento de sueldo y que me lo nieguen ahora no significa que en el futuro no puedan decirme que sí.
- Negarme a algo en aquella ocasión no privaba a mi interlocutor de pedirme algo en el futuro.

Ahora, pregúntate qué hubiera ocurrido si en aquella ocasión hubieras reemplazado los pensamientos y emociones que has escrito por los que acabo de exponer u otros similares.

¿Habrías dicho que no? ¿Habrías solicitado la cuantía que querías y considerabas adecuada?

Seguro que ves ahora que es un camino posible; solo hace falta práctica. Se puede aprender y mejorar; solo necesitas ser consciente de lo que realmente sientes y aprender a comunicarlo.

La asertividad refuerza la autoestima y la confianza, nos ayuda a controlar nuestras emociones y mejora notablemente nuestra capacidad de comunicar. Te sentirás más libre y te reconocerás más auténtico.

Las personas asertivas lideran las conversaciones, consiguen que sus propuestas sean aceptadas en la mayoría de los casos y no hieren a los demás cuando solicitan algo o responden «no» a una propuesta.

Claves para ser asertivo

- **Ser directo sin ser grosero.** Di lo que quieres decir de forma clara, no tengas miedo a la hora de usar las palabras adecuadas. Cuando quieras decir «no», hazlo con claridad en lugar de ser sutil.
- **Hablar desde la opinión personal.** No juzgues. Cualquier afirmación que hagas iniciada con «En mi opinión..., yo pienso..., yo creo...» será mejor aceptada.
- **Evitar las descalificaciones.** Ten en cuenta que estás defendiendo tu versión de los hechos. La verdad absoluta no existe y nadie puede discutir que tu perspectiva sea diferente. Sé agradecido y apreciativo y discúlpate en caso necesario. ¿Recuerdas la frase «Odia el delito y compadece al delincuente»? Tiene mucho que ver con la asertividad. Si describes los hechos tal y como los ves y evitas el juicio, te escucharán más. No es lo mismo decir que se han incumplido las cláusulas 2 y 3 del contrato que calificar de estafador a quien incumplió.
- **Trasladar lo que sientes.** Ayuda a empatizar. ¿Recuerdas el impacto negativo de los absolutos (*siempre*, *nunca* y *todos los días*)? Por recurrir a un ejemplo cotidiano, no es lo mismo decir «Siempre te dejas la tapa del inodoro levantada» que decir: «Me siento muy desilusionada al constatar que no atiendes a mi petición».

- **Vigilar tu lenguaje corporal.** Hablaremos de ello en su momento, pero fíjate en la imagen de alguien dirigiéndose a otra persona de forma agresiva: apunta la barbilla hacia el frente, frunce el ceño, etc. Si te mantienes tranquilo, tu rostro se relaja y es más agradable. Lo mismo ocurre con tu voz: mantén un volumen medio y un ritmo tranquilo.
- **Mantener la calma.** En ocasiones puede ser necesario aplazar una conversación o negociación a fin de que todo pueda calmarse.
- **Estructura tu razonamiento.** La mejor manera de exponer una petición o una opinión de forma asertiva es seguir el siguiente esquema:
  - Describe los hechos («El volumen de la música es muy alto y son las 2 de la madrugada»).
  - Expresa cómo te hace sentir («Necesito descansar y siento que no respetas mi sueño»).
  - Describe las consecuencias («Mañana estaré muy cansado, no rendiré adecuadamente en mi trabajo y...»).
  - Expón lo quieres conseguir de forma clara («Te ruego que bajes el volumen de la música y respetes las horas de sueño de tus vecinos»).
  - Termina agradeciendo la atención prestada («Gracias por escucharme»).

Como puedes comprobar, se basa en evitar la respuesta *de las tripas* e invitar a tu interlocutor a razonar contigo. Esto mantiene la comunicación y ayuda a rectificar sin que parezca una rendición.

Quien modifica su propuesta o actitud ante una respuesta asertiva no pierde nada, demuestra que es una persona razonable que puede meditar sus decisiones.

La asertividad aplicada a las negociaciones difíciles o a las conversaciones conflictivas puede ser mano de santo. En casos especialmente complejos, puedes recurrir a diversas técnicas:

- **Disco rayado.** Repites tu punto de vista con tranquilidad y sin ceder.

- **Banco de niebla.** Aparentas ceder terreno sin cederlo realmente: «Puedo estar de acuerdo contigo. ¿Qué te parece si...?».
- **Acuerdo asertivo.** Responde a la crítica admitiendo que has cometido un error, pero separándolo del hecho de ser una buena o mala persona: «Lamento el retraso, no suelo llegar tarde».
- **Ironía.** Responde positivamente a una crítica negativa: «Gracias por tu comentario». Esta fórmula la habrás observado muchas veces en las interpelaciones entre políticos.

6. En aras de la brevedad y la claridad

Honestidad

Los abogados tenemos la injusta fama de ser mentirosos. No es cierto. El abogado no hace justicia; es el juez quien tiene encomendada esa misión. El abogado sirve a su cliente y a un sistema que se basa en la teoría del caso: el abogado se limita a llenar el platillo de la balanza que le corresponde con todo lo que favorece a su cliente y evitando lo que pueda perjudicarlo. El fiscal o la contraparte se ocupan del otro lado de la balanza, y es el juez quien establece qué platillo pesa más.

No revelar todo lo que se conoce no es mentir, sino servir a un interés concreto en la forma que hemos establecido las sociedades civilizadas.

La honestidad del abogado consiste en servir a esa misión con fidelidad. En el caso de una conferencia, la honestidad del orador se refleja en un discurso basado al 100 % en la realidad que ha investigado.

En consecuencia, para triunfar con tus discursos, es necesario ser honesto, ser fiel a la investigación realizada, a la existencia de argumentos contrarios o diferentes a los nuestros. Hacerlo así nos hace poderosos.

Regla del tres

Ya la mencioné con la fórmula para convencer al juez: una idea y tres argumentos para sostenerla. Enunciar las ideas de tres en tres ayuda a que la audiencia no se pierda y es muy eficaz.

El número 3 aparece 467 veces en la Biblia (Santísima Trinidad, al tercer día resucitó, tres arcángeles, etc.); también en la filosofía y entre los pensadores. Dividimos el tiempo en tres: pasado, presente y futuro. Las tres potencias de la inteligencia humana son memoria, entendimiento y voluntad.

La información presentada en grupos de tres se *pega* mejor en nuestra mente. Esto es algo que conocen muy bien los docentes.

> Cuando comunicamos queremos que nuestro mensaje cale, que se contagie. Hacerlo con la estructura del 3 funciona.

Brevedad

Antoine de Saint-Exupéry afirmaba: «La perfección no se alcanza cuando no hay nada más que añadir, sino cuando no hay nada más que quitar». Hemos investigado y buscado mucha información para nuestro discurso, hemos seleccionado lo que queremos decir y lo hemos estructurado y nos damos cuenta de que nos pasamos del tiempo asignado.

Da mucha rabia no poder utilizar información o argumentos que hemos trabajado; sin embargo, si queremos tener éxito, es un paso fundamental. Recuerda: «Letrado, ¡sea breve!». Insisto mucho en este aspecto en las formaciones que doy tanto para abogados como para otros profesionales y empresas.

Seguro que has tenido ocasión de asistir a seminarios y conferencias. ¿Recuerdas cómo te sentías cuando un conferenciante se alargaba desbordando el tiempo asignado y ocupando con su charla el tiempo previsto para el descanso o el café?

Lo he comprobado muchas veces: quien ha previsto una llamada durante el tiempo de descanso abandona la sala para hacerla, otros cogen su teléfono móvil y empiezan a mirar mensajes; solo unos pocos siguen atendiendo. Ajustarse al tiempo asignado es una obligación fundamental del orador, y también cuando presentamos nuestro informe ante el juez. No por hablar más nos van a dar la razón.

Sin embargo, existe una fuerza misteriosa que dificulta mucho la brevedad.

He visto a oradores acelerar la velocidad de sus palabras hasta resultar ininteligibles con tal de decir todo lo que habían previsto; también he visto diapositivas cargadas con tanta información que más parecían un *collage* que una ayuda visual para la audiencia.

Te aseguro que el éxito de tu charla, alegato o discurso no depende de su longitud; al contrario. Como dice el refrán: «Lo bueno, si breve, dos veces bueno».

Revisa tu discurso eliminando lo innecesario hasta que consigas que quede por debajo del tiempo asignado.

Emma Coast, autora de las llamadas *22 reglas para contar historias*, de Pixar, afirma que «Ningún trabajo va a ser desperdicio. Si no funciona, déjalo y ponte a otra cosa; te será útil más adelante».

Recuerdo esta regla cada vez que me cuesta eliminar una parte del discurso. Cuando lo tengo listo, lo ensayo con un cronómetro y voy reduciéndolo hasta que esté claramente por debajo del tiempo previsto. Ayuda mucho en la reducción revisar palabras y la sintaxis de algunas frases. Piensa en las complicadas palabras de cuatro o más sílabas (*automáticamente*, *culpabilizar*, *percibiendo* o *procedimiento*). ¿No pueden sustituirse por palabras más cortas? (*culpar*, *viendo*, *proceso* o *vía*). En español, los verbos contienen el tiempo correspondiente (pasado, presente o futuro). ¿Necesitamos entonces locuciones de tiempo como *en nuestros días*, *en el pasado* o *en estos momentos*?

Otra práctica muy habitual a la hora de ofrecer un discurso es adjetivar por parejas: «El informe se preparó con detalle y profundidad», «El servicio se prestó con calidad y rigor». ¿Aporta algo decir lo mismo dos veces con palabras diferentes?

Si nos fijamos bien, las frases que construimos pueden reducirse de forma significativa y ser mucho más fáciles de entender. La precisión del lenguaje no exige el uso de multitud de palabras para expresar ideas que quedan perfectamente claras con sujeto, verbo y predicado: «El acusado entró por la ventana» dice lo mismo, incluso a efectos de considerar la *escala*, que «El acusado, valiéndose de su agilidad, trepó por la pared para introducirse a través de la ventana en la vivienda».

Aplicadas estas reglas a cualquier texto, reducen mucho la duración del discurso.

Claridad

Palabras abstractas

El uso de palabras abstractas resulta necesario; sin embargo, ¿has pensado en cómo procesa el cerebro de quien nos escucha palabras como *sistema*, *proceso* o *clasificación*?

Si yo digo «perro», en tu cerebro estás representando la palabra con sus cinco letras: *p-e-r-r-o* y, a la vez, una imagen. Las imágenes se memorizan mucho mejor que las palabras, así que cualquier argumento que se hace presente con imágenes será recordado.

Sin embargo, si digo «clasificación», nuestro interlocutor tiene que hacer un sobreesfuerzo para entender el significado. Personalmente, relaciono la palabra con la liga de fútbol; seguro que tú usas otra imagen.

Palabras mágicas

A veces, ni siquiera eres capaz de representar una imagen. En estos casos, lo aconsejable es poner ejemplos o, como afirma Carlos Salas, utilizar palabras mágicas, como «imagina que» o «supongamos que».

El propio Salas lo representa con un ejemplo que se me quedó grabado:

«El sistema integrado de gestión universitaria es un proceso informático previsto para evitar la simultaneidad de las asignaturas y permitir la asistencia de la comunidad universitaria».

Seguro que te has perdido. Te lo cuento de otra forma:

«Imagina que un estudiante está haciendo dos carreras, piensa que le van a coincidir en fecha y hora las asignaturas y, lo que es peor, los exámenes de esas carreras, hasta el punto de que solo podrá hacer uno de los exámenes y tendrá que dejar el otro para más adelante. Gracias al sistema integrado de gestión universitaria, eso no ocurrirá porque se le van a mover las fechas y horas de los exámenes de forma que nunca le coincidan».

«Ahora sí que lo has entendido» —afirmaba Salas.

«He usado una palabra mágica: "Imagina", y después te he contado la historia de un estudiante con un conflicto, la he desarrollado y he terminado con una conclusión». El ejemplo lo tienes en (Salas, *Storytelling. La escritura mágica*, 2017, pág. 104).

Dimensiones

Lo mismo ocurre cuando trabajamos con dimensiones.

Viendo las noticias en televisión, escuché la siguiente noticia: «Se ha desprendido una masa de hielo de la Antártida de 800 000 ha». La verdad es que no me fijé mucho en la cifra, pero imaginé un gran iceberg. Por la noche, en otra cadena de televisión, el locutor transmitió la misma noticia: «Se ha desprendido una masa de hielo equivalente a la Comunidad de Madrid». De pronto, mi iceberg se había convertido en algo muy diferente.

La mayoría de las veces, estas noticias se facilitan con equivalencias: «Ocho campos de fútbol», «Un edificio de 10 plantas», etc.

Si hacemos lo mismo con nuestros discursos, nos entenderán mejor. No te preocupe usar ejemplos o metáforas para explicar conceptos abstractos.

Es lo que hizo Albert Einstein para explicar su teoría de la relatividad. Usó el ejemplo de un tren pasando a toda velocidad por una estación al tiempo que es alcanzado por un rayo de luz. La velocidad de la luz desde un lugar estático (la estación) sería diferente a la velocidad medida dentro del tren en movimiento. Fácil, ¿verdad? Se nos entiende mejor con ejemplos que nos permitan ver lo que queremos decir.

Cambia las frases a positivo

Otro aspecto interesante es el rechazo de las negaciones por parte de nuestro cerebro. Siempre que puedas, cambia las frases a positivo:

Imagina que le has pedido a alguien que realice una tarea y te responde: «No. Aún no he podido». Ahora lee la siguiente respuesta: «Estoy deseando hacerla en cuanto pueda».

Dicen lo mismo, pero ¿cuál te conecta mejor con el interlocutor?

Otro aspecto que hay que tener en cuenta es la influencia de Internet. Igual que el cine y la televisión cambiaron la forma de contar historias, también lo ha hecho Internet. La posibilidad de estar en permanente contacto con los demás nos lleva a escribir mucho (aunque incorrectamente) para preguntar cualquier cosa. Fíjate en los mensajes de WhatsApp. Nos hemos acostumbrado a mensajes cortos matizados con emoticonos. Esta práctica se está llevando también al correo electrónico, y he visto peligrar negociaciones por un correo electrónico escrito con prisa.

Por pertenecer a una generación que ha conocido la comunicación escrita por carta, telegrama, télex, fax y correo electrónico, tiendo a asimilarlos, y he comprobado que un correo electrónico escrito con el cuidado con el que se escribían las cartas es muy eficaz.

Lo primero que hago es vigilar el tamaño de la letra y buscar una fuente 12. Lo hago pensando que quien lea el correo puede tener —como yo— algo de presbicia y le resultará más agradable.

Cuido lo que escribo en «Asunto». Que sea amable y, si es un comunicado comercial, atractivo.

Empiezo saludando y, casi siempre, incluyo el nombre de la persona a quien me dirijo:

«Buenos días, Mercedes».

Me parece que suena mucho mejor que:

«Buenas,

...».

Escribo frases cortas, que haya puntos y aparte. Esos espacios en blanco son invitaciones a leer frente a aquellos textos que crean bloques densos y largos que ocupan todo el cuerpo del mensaje de arriba abajo y de izquierda a derecha.

Procuro incluir alguna pregunta; si tengo que solicitar algo, abuso del condicional: ¡menuda diferencia entre «necesito que hagas esto» y «necesitaría tu ayuda con esto»!

Repaso las frases y las simplifico al máximo. Por mi actividad trabajando para la industria americana del cine, tenía que escribir muchos textos en inglés. Si tú también lo haces, ¿te has fijado en que suelen ser mucho más cortos? A mí me llamaban la atención algunos textos jurídicos que se preparaban en los dos idiomas con cada versión en una columna diferente. La columna en inglés era siempre más corta.

Una de las razones es que el inglés es un idioma con gramática sencilla. Puedes expresar ideas de muchas formas diferentes, con verbos multiusos, como *to get*; su sintaxis es simple: sujeto-verbo-predicado. ¿Se puede hacer en español? Pues claro que sí.

Repaso el texto para asegurarme de que no contiene faltas de ortografía y me despido pensando en quien lo va a leer: «Que tengas un gran día» o «Gracias por la atención prestada».

Es posible que tenga que dedicarle algunos segundos más, pero he comprobado que resulta mucho más eficaz.

A base de escribir *comunicándome*, he desarrollado mi capacidad de escucha, que es una habilidad fundamental para hablar en público. Lo afirmaba Joseph Joubert: «Si queréis hablar a alguien, empezad por abrir los oídos». La escucha es la base del diálogo. De hecho, la empatía empieza por la escucha activa.

Por último, ¿qué piensas de la jerga jurídica?

Casi todas las profesiones desarrollan su propia jerga especializada, pero la jurídica es una de las más complejas.

Recuerdo, cuando iniciaba mis primeros juicios, buscar en mi libro de derecho romano algún latinajo para incluir en mi informe y quedar bien ante el juez. Así que, entre latinajos y frases larguísimas, los abogados alargamos nuestros informes hasta el punto de complicar su comprensión.

Fíjate en el siguiente texto:

> «El día 12 de septiembre de 2015, aproximadamente a las 12:15 h, el acusado Pepe Pérez, portando consigo un arma de fuego tipo pistola, acudió hasta la intersección de las calles Pepa López y Juan Fernández en el barrio de Anunciación de la localidad Bellacosa, en la provincia de Belleza, lugar en el que interceptó a Manuel P. L., quien transitaba por el lugar junto a María G. H., y, con la certeza de que a esa hora y en esas circunstancias se encontraría con la víctima acompañado de su pareja y sin la posibilidad de que pudiera defenderse, extrajo el arma de fuego que portaba consigo procediendo a dispararle a Manuel P. L. cuatro disparos a la altura del pecho provocándole cuatro heridas».

Es un texto real (solo he cambiado los nombres) con 124 palabras para decir que fulanito mató a zutanito en la confluencia de las calles X e Y. Necesitas casi 40 segundos para leer el inicio de este informe. Sin entrar en la necesidad de algunos detalles que contribuyen a la calificación jurídica o a la apreciación de circunstancias agravantes, el texto puede mejorar mucho su comprensión:

> «El 12 de septiembre de 2015, a las 12:15 h, Pepe Pérez acudió hasta la esquina de las calles Pepa López y Juan Fernández, donde interceptó a Manuel P. L., quien transitaba junto a María G. H. Sin opción a que la víctima pudiera defenderse, sacó una pistola y disparó cuatro veces a Manuel P. L. alcanzándole en el pecho».

Esta versión dice exactamente lo mismo con 60 palabras y en 20 segundos, la mitad de tiempo. En otros casos, se incluyen tantas frases subordinadas que nos perdemos en su lectura:

> «Con la venia de su señoría, presentaré a continuación el informe de la defensa para solicitar una sentencia absolutoria de D. XXX XXX.
>
> Mi representado, el joven XXX XXX, es un profesional brillante, quien terminó dos grados universitarios mientras trabajaba manteniendo a su madre y a sus hermanos y después a su esposa, con quien contrajo matrimonio hace cuatro años, siendo el principal sustento del hogar familiar y labrándose un brillante futuro, que puede verse irremediablemente arruinado si se le considera culpable de un delito que no ha cometido».

Estamos de nuevo ante un texto real. El foco inicial humanizando la situación se ve perjudicado por la falta de claridad en el texto. Mira cómo queda ahora:

> «Con la venia de su señoría y para solicitar una sentencia absolutoria de D. XXX XXX.
>
> Mi representado es un joven brillante, quien terminó dos grados universitarios mientras trabajaba para mantener a su madre y a sus hermanos. Se casó hace cuatro años y es el sustento principal del hogar. Se ha labrado un brillante futuro, que puede verse arruinado si se le considera culpable de un delito que no ha cometido».

En este ejemplo no se trata tanto de reducir el texto como de estructurarlo a base de frases cortas, que resultan más fáciles de asimilar.

Los mismos ejemplos puedes aplicarlos a cualquier tipo de exposición, incluyendo las explicaciones en una clase de ingeniería mecánica. Busca la manera de simplificar el contenido. Lo importante es que los alumnos adquieran el conocimiento, no que sean capaces de repetir como un papagayo una definición.

«La brevedad es manjar predilecto de los jueces. Si hablas poco, te darán la razón».

Ángel Osorio (*El alma de la toga*).

4
Tu imagen

Hasta aquí hemos repasado cómo crear un mensaje que impacte y unos cuantos recursos para abreviarlo y aclararlo. Era lo que Aristóteles denominaba *logos*, el razonamiento que lleva a las conclusiones que vamos a demostrar a través de nuestro contenido.

Para el filósofo griego la persuasión se conseguía uniendo el *logos*, el *ethos* y el *pathos*. El *ethos* está relacionado directamente con nuestra imagen, con la confianza que somos capaces de generar, sea por nuestro prestigio o por lo brillante que sea nuestro discurso. El mero hecho de hablar bien, con un vocabulario rico y una sintaxis correcta, contribuye a mejorar nuestra imagen.

El *pathos* es la emoción. Cuando una historia nos llega al corazón, cuando nos pone los pelos de punta o nos conmueve, estamos en disposición de provocar un cambio. Es, sin duda, la mejor forma de persuadir. Emocionamos a través de las historias, con nuestro lenguaje corporal y con nuestra voz.

Centrémonos a continuación en nuestra imagen.

1. La primera impresión

¿Eres consciente de la imagen que transmites?

Piensa en tu primera entrevista de trabajo. Si nunca hiciste una, intenta imaginarla. Lo más probable es que ese día usaras dos despertadores para asegurar que no te quedabas dormido; te levantaste con tiempo, desayunaste, te aseaste y te dirigiste al lugar.

¿Cómo vestías? Es muy posible que decidieras tu vestimenta el día anterior; en todo caso, estoy seguro de que dedicaste un tiempo a cuidar tu imagen. Querías causar buena impresión.

¿Haces lo mismo cuando vas a ver a un cliente por primera vez? ¿Cuando vas a dar una conferencia? ¿Cuando vas a un juicio? Y ¿qué ocurre tu primer día de clase como profesor? ¿Piensas en cómo te van a percibir esos alumnos con quienes compartirás muchas horas?

En un juicio, los abogados nos ponemos una toga; es parte de la vestimenta ceremonial. Hoy acudir con ella desde nuestro despacho es incómodo, así que muchos abogados pasamos por la sala de togas y recogemos una que usaremos solo durante el juicio.

¿Cuidas de que no esté arrugada? ¿De qué te quede bien de talla?

Una vez vi a un abogado que llegaba con su toga metida en una bolsa tipo bandolera. Mal colgada de su hombro, contribuía a arrugar un traje oscuro pero aceptable. La sacó delante de su cliente y se la puso 5 min antes de entrar en la sala de juicios; estaba arrugadísima. El aspecto del letrado con la toga era descuidado. Es posible que su cliente no se fijara en el detalle o que conociera al abogado desde hace tiempo y tuviera una imagen positiva de él. Es incluso probable que se tratara de un buen profesional; sin embargo, la impresión que yo tuve no era la de confianza.

«La primera impresión es la que cuenta» es una frase basada en un hecho científico: el cerebro humano tarda entre 30 s y 3 min en formarse una primera impresión y rescatar esa imagen para futuros encuentros.

Es un recurso de supervivencia. Necesitamos saber lo antes posible si quien tenemos delante es una amenaza o no, y lo hacemos con muy poca información.

La revista *PLOS ONE* (McAleer, 2014) publicó un artículo en 2014 en el que afirma que se tarda incluso menos tiempo y que puede ser la voz por sí sola la que genere esa primera impresión. El estudio había sido realizado por psicólogos de la Universidad de Princeton en Estados Unidos y de Glasgow en Escocia y concluye que esa primera impresión la rescatamos para posteriores encuentros.

Así que es un aspecto para cuidar. Siempre. Ya lo decía Wilde: «Nunca hay una segunda oportunidad para causar una primera buena impresión».

A mí me gustaría que los juicios en Europa fueran como los que vemos en las películas americanas, en las que el lenguaje corporal del abogado adquiere una gran importancia. Poder ponerse de pie y caminar dirigiéndose al testigo o al jurado abre un campo amplio para el brillo de la imagen del letrado.

No obstante, aunque permanezcamos sentados en la sala, nuestra imagen seguirá transmitiendo mensajes.

En nuestras conferencias podemos disfrutar más del uso del lenguaje corporal. Es lo primero que solicito cuando me invitan a dar una formación o una charla: ver el lugar donde va a tener lugar y habilitar la posibilidad de moverme en un escenario. Intento disponer de un espacio que me permita realizar una actuación. Recuerda lo que mencionaba al principio respecto al MAPA (cap. 1).

¿Y en clase? Por experiencia, he descubierto que los alumnos de todas las edades agradecen mucho que el profesor se dirija a ellos de pie y paseando por la clase. Es mucho más cercano que parapetarse detrás de una mesa sobre una tarima.

2. El efecto SARA

¿Y cómo causamos una buena primera impresión?

Yo lo llamo crear el efecto SARA:

- **Sonrisa.** Una sonrisa es siempre una magnífica forma de conectar con alguien. Fíjate en la cara de las personas: cuando sonríen, se ilumina. Que sea una sonrisa auténtica. Guillaume Duchenne, médico e investigador clínico del siglo XIX, decía que la sonrisa auténtica es inimitable. No consiste en exhibir los dientes; supone una contracción de los músculos orbiculares y cigomático que convierten el gesto en algo único. Preséntate con una sonrisa siempre y habrás dado el primer paso hacia la conexión con tu audiencia.
- **Autenticidad.** Sé tú mismo. Hemos pasado de la era de la estética a la de la ética. La autenticidad tiene mucho valor y genera confianza, pues nos muestra cómo somos sin dobleces. Muchos grandes conferenciantes han creado su imagen de acuerdo con lo que quieren transmitir. En algún momento, ha estado muy de moda la camiseta con chaqueta y calzado deportivo. Yo mantengo mi imagen de ejecutivo a la que me acostumbré desde que

inicié mi actividad profesional: con americana y sin corbata; es como me siento a gusto.

- ***Rapport.*** Es la atmósfera de confianza que generan los psicólogos con sus pacientes para que estos se abran y cuenten sus inquietudes. El *rapport* crea la empatía.
- **Aspecto.** Ya hemos hablado de ello. Nuestro aspecto es importante. Es la primera característica por la que nos juzgarán.

3. Conecta

El objetivo del orador es conectar con su audiencia desde el primer momento, y no solo con el contenido del mensaje, sino con su actitud. Para ello, hay que escuchar al público, pero también echarle algo de valor. Hablaré más adelante del miedo a hablar en público, pero pensemos en ello desde el punto de vista de nuestra imagen.

Imagina la escena: me encuentro en una sala frente a los asistentes y tengo detrás de mí una pantalla. En algún caso, han ido llegando y les he ido saludando. Lo hago con una sonrisa, mirándolos a los ojos y estrechando su mano.

Me gusta mucho esta situación en la que yo ya estoy en la sala y voy recibiendo a la audiencia. Está todo preparado para empezar. La pantalla muestra la primera diapositiva y no es ninguna imagen; es una pantalla en negro con seis puntos y tres barras inclinadas en la parte inferior derecha, más o menos así: .../// ...

El truco lo aprendí también de Alcoba, en aquella época era el presidente del club de oratoria Toastmasters International La Salle Campus Madrid.

La idea es que tu audiencia no pueda distraerse mientras preparas la presentación, que es lo que suele ocurrir cuando un orador llega, saca la memoria USB, la conecta al ordenador, abre la presentación, etc.

Lo mismo pasa en un juzgado: si cuando llega el momento de presentar tu informe tienes que empezar a ordenar papeles, buscar documentos, etc., lo único que conseguirás es que el juez se impaciente y desconecte su atención. Que todo esté preparado ayuda a que la audiencia se olvide rápido del teléfono móvil y de cualquier otra distracción.

En otras ocasiones, el público está ya en la sala y, aunque está todo listo, la organización tiene un protocolo que hay que seguir: entramos y me presentan.

Siempre que puedo, intento evitarlo, y la razón es obvia: hoy en día tenemos acceso a mucha información y, si vamos a asistir a una charla, miramos el perfil del conferenciante antes de acudir y nos informamos sobre su actividad, sus logros y sus publicaciones. ¿Para qué, entonces, cansar a la audiencia con una lectura del currículum del orador?

Si a pesar de todo insisten en presentarme, permanezco de frente a la audiencia, erguido y sonriendo; vigilo mi lenguaje corporal adoptando una posición abierta y estoy más pendiente del público que de quien me presenta.

Esa imagen forma parte de la primera impresión que los asistentes tendrán del orador. No te cruces de brazos ni adoptes una postura desganada; eso te desconectaría de la audiencia. Sonríe y espera tu momento; cuando llegue, respira, vuelve a sonreír y empieza.

¿Recuerdas la historia de la flor que te contaba al inicio del libro? Empiezo con ella. Una foto de la *Pulsatilla grandis* es la segunda diapositiva de mi presentación. Empiezo contando su historia y la de Simona. Unos minutos después, cuando ya he conseguido trasladar cierta sorpresa repasando algunos ejemplos, como el de Jobs, cuento la historia de Amancay y Quintral que te relataba en el capítulo 2.

Recuerda este momento:

«Amancay llegó a lo alto de la montaña y encontró la flor; la arrancó y, en ese momento, un gran cóndor apareció a su lado:

—¡No te puedes llevar esa flor!».

Esta frase la pronuncio como si fuera el cóndor girándome hacia una imaginaria Amancay, cuyo papel adoptaré a continuación. Uso la voz más grave que puedo. Me muevo en el escenario para ocupar la posición de Amancay frente al cóndor y le respondo. La respuesta de Amancay la realizo con una voz aguda pero moderada.

El uso de la representación, es decir, de cierta teatralidad, resulta muy poderoso.

Podría contar ese diálogo en tercera persona sin representarlo: «Entonces, Amancay le respondió que necesitaba la flor para curar a su tribu y le rogó que la dejara llevársela».

La primera vez que lo hice, sentía la preocupación de haber podido distorsionar mi imagen haciendo algo de teatro. Solicité la opinión de los asistentes y su respuesta me tranquilizó; a la gente le gusta, introduce algo de dinámica y facilita el seguimiento.

No te estoy sugiriendo que lo hagas en un juzgado; no sería apropiado, pero sí puedes hacerlo a la hora de dar una conferencia o en una clase. Tu imagen debe adaptarse a las circunstancias de la audiencia.

La historia de las astromelias conecta con la de la *Pulsatilla* para demostrar que se puede ser más eficaz contando una historia que explicando mil detalles técnicos.

La audiencia se conecta con el orador a través del trance narrativo, y la imagen del narrador refuerza esa conexión, especialmente si lo haces mirando a los ojos de quien te escucha.

La posición erguida y la decisión con la que afrontas el relato trasladan una imagen de seguridad que refuerza tu credibilidad. Es lo que ocurre cuando el juez parece distraerse y tú haces un silencio. Si lo has hecho, habrás comprobado que el juez se vuelve hacia ti y te anima a continuar.

Hay que captar la atención desde el principio y mantener esa conexión en todo momento. Es imprescindible mantener el fuego vivo hasta el final. Un discurso que empieza de forma brillante pero que poco a poco se apaga resulta poco eficaz.

Sin embargo, no podemos hacerlo de cualquier manera, y ahí es donde la imagen del orador cobra especial relevancia. Imagina que el juez o la audiencia se distraen y, como no te prestan atención, les exhortas a hacerlo. Las consecuencias serían fatales. Con la exigencia de su atención, habrías transmitido cierta prepotencia.

Algo parecido ocurriría si te pones nervioso y te acobardas. Tampoco sería una buena reacción, pues trasladarías una imagen de inseguridad y no conseguirías que confiaran en tu mensaje.

Si tu actitud fuera de desgana ante la poca atención que te prestaran, el juez o la audiencia se desconectarían aún más.

La seguridad, la confianza y el optimismo se transmiten a través de nuestra actitud, de nuestra imagen: un orador que se quedara en una esquina o que diera su conferencia sentado y encogido sobre sí mismo trasladaría miedo e inseguridad; un orador que se enfadara trasladaría prepotencia; un orador triste trasladaría pesimismo. Ocurre con todas las emociones. Cada una traslada una sensación.

Así que tu imagen debe ser la de alguien confiado pero humilde, preparado, pero exponiendo con naturalidad y, por encima de todo, siendo capaz de emocionar. El discurso no puede ser plano como un recorrido en tren; debe asemejarse a una montaña rusa en cuyas vías van ocurriendo cosas permanentemente.

Las emociones son contagiosas. Todos lo conocemos por experiencia. Piensa en cómo te sientes después de ver ganar a tu equipo; observa a los seguidores que se encuentran en esa situación.

El 14 de julio de 2024, el equipo español de fútbol ganó la Eurocopa. Muchos ayuntamientos organizaron espacios con pantallas gigantes para que quienes quisieran pudieran ver la final frente a ellas. El triunfo de España provocó la alegría entre todos los que allí se encontraban; vi a muchas personas que, sin conocerse, se abrazaban y bailaban juntas. Los grupos que posteriormente se iban encontrando por las calles se saludaban y animaban mutuamente.

Por el contrario, los seguidores de Inglaterra, equipo rival en esa final, regresaban cabizbajos y abatidos, y esa emoción también se transmitía.

Los medios de comunicación reflejaron al día siguiente estas situaciones y entrevistaron a algunos seguidores. Me llamó la atención un grupo que al ser entrevistado transmitió su alegría, pero afirmó que se iba a casa pues al día siguiente tenía que trabajar. En una palabra, había seguidores que controlaban sus emociones.

Ese control es fundamental en la oratoria. No puedes defender una causa como abogado estando enfadado; si lo haces, perderás el caso.

Lo mismo ocurre con el exceso de alegría. Recuerdo la celebración por ganar unas elecciones de Alberto Ruiz Gallardón en el conocido balcón de Génova; estaba tan entusiasmado, que en unos segundos arruinó la imagen de persona seria y sensata que tenía por los saltitos y la alegría desbordada que exhibió en aquel momento.

El control de nuestras emociones se consigue a través del autoconocimiento. Si conocemos bien nuestras emociones, podremos dominarlas. Mirando hacia dentro de nosotros, aparecen la autorregulación y la motivación; desde ese conocimiento y desde la autoestima, podemos desarrollar nuestras habilidades sociales y, especialmente, la empatía y la asertividad. Solo así podemos iniciar un discurso con confianza.

Controlar los nervios a la hora de hablar en público no es cuestión de relajarse; de hecho, defiendo que lo mejor es activarse, como hace cualquier deportista antes de salir a la pista. Esto solo puede hacerse desde el dominio de uno mismo.

La imagen del orador debe generar confianza en lo que dice y transmitir emociones positivas.

4. Naturalidad, humildad y capacidad de emocionar

Hemos visto cómo el cerebro humano intenta hacerse una idea de la persona que tiene delante con muy poca información. Es un recurso adaptativo y muestra mucho cómo funciona nuestra mente. En una charla nos puede ser muy útil para conocer la actitud de la audiencia.

Me ayuda mucho a entenderlo la descripción que Daniel Kahneman realiza sobre el funcionamiento de nuestro cerebro. Laureado con el Premio Nobel de Economía, Kahneman afirma que el ser humano tiende a servirse de atajos mentales simples (heurísticas) cuando realiza juicios complejos. Buscamos entender lo que se nos cuenta, pero no somos conscientes de que nuestro cerebro aplica sesgos de muy diversa índole que nos pueden llevar a cometer errores de apreciación.

Siempre pienso en el mito de David y Goliat: nos situamos a favor del más débil, pero olvidamos que quien acabó en el suelo con la cabeza cortada fue Goliat.

La tendencia a extraer conclusiones de forma rápida y sin esfuerzo nos hace confundir la elección sencilla con la correcta.

Kahneman lo explica afirmando que tenemos dos formas de pensamiento:

- El sistema 1, rápido, intuitivo y eficiente, a través del cual obtenemos conclusiones con poco esfuerzo.
- El sistema 2, lento, metódico y que requiere un elevado esfuerzo cognitivo.

Nuestros discursos deben prepararse de forma que la audiencia los entienda con facilidad y obtenga rápidamente sus conclusiones. A ello contribuyen nuestra actitud y la imagen que trasladamos.

¿Recuerdas la secuencia de la película *El resplandor* en la que Jack (Jack Nicholson) destroza la puerta del baño en el que se refugia Wendy (Shelley Duvall)?

Lo que de verdad la convierten en una de las escenas más terroríficas del cine es la actitud de Jack, más que los gritos de Wendy. Mientras que Jack relata parte del cuento de los tres cerditos y el lobo (en el doblaje español, los cabritillos), su cara evidencia otras intenciones.

Actúa como lo hacen los emoticonos para suavizar un mensaje de WhatsApp que pueda parecer un tanto áspero. Cuando prepares tus discursos, piensa no solo en lo que vas a decir, sino en cómo lo van a recibir tus interlocutores. Dependerá de tu imagen, de la voz que uses y de tu lenguaje corporal, pero también influirán los sesgos inconscientes con los que todos juzgamos o prejuzgamos.

Hablaremos de ellos más adelante.

Naturalidad

¿Has oído alguna vez la expresión *qué foto tan natural*? Se suele aplicar a fotos de personas que aparecen como si no estuvieran posando.

¡Falso!

Eso no existe; la naturalidad en una foto exige horas de trabajo. Basta que nos digan que nos van a hacer una foto para que pongamos precisamente eso, ¡cara de foto! La naturalidad entonces desaparece.

Con la espontaneidad a la hora de hablar en público pasa lo mismo. Lo curioso es que, cuando hablamos con amigos o familiares, lo hacemos con total naturalidad, pero, cuando tenemos que hablar en público, los nervios nos atenazan y parecemos un robot.

La ausencia de espontaneidad provoca desconfianza y resta eficacia a nuestro discurso. Por ello, voy a dejar muy claro el objetivo:

en lugar de hablar en público, plantéate hablar con el público (el subrayado es voluntario). Es así de simple: habla con el público, como si estuvieras contándoselo a tus amigos.

El camino para conseguirlo exige algo de trabajo y tiempo para practicar. El primer paso ya lo has dado al interesarte en cómo mejorar esta habilidad acudiendo a este manual. Recuerda lo que explicaba acerca del mensaje y la necesidad de poder resumirlo en una idea sencilla: ¿qué quieres contar? Imagina que dispones de 20 s (el tiempo de un anuncio en televisión) para hacerlo. ¿Qué dirías?

Esa frase es tu luz; acude a ella constantemente y tu discurso será más fácil.

Recuerda también que has preparado el discurso pensando en tu audiencia. Tenlo presente.

Con estos primeros pasos en la cabeza, reflexiona sobre las diferencias a la hora de hablar con tus amigos y hacerlo en público: cuando contamos algo a nuestras amistades, normalmente es algo que conocemos; cuando damos un discurso o presentamos un informe, hemos tenido que memorizar una serie de datos que debemos recuperar a la hora de exponerlos, y esa búsqueda genera intranquilidad, miedo a quedarnos en blanco.

Otros miedos provienen del hecho de exponernos. Practicar hablar en público contando historias personales, tus vivencias o cosas en las que crees firmemente, de forma que domines el contenido, ayuda a relajar este otro tipo de miedo.

Los clubes de oratoria como Toastmasters International son un excelente campo de experimentación para ello. El primer discurso que se realiza en un club Toastmasters es el llamado *icebreaker* (romper el hielo) y es precisamente eso, un discurso de 5 min sobre ti mismo.

Es muy útil, pues no tienes que preocuparte de memorizarlo y los nervios se reducen al hecho de exponernos. Más adelante te explico el tipo de nervios relacionados con quedarse en blanco y los provocados por la exposición.

Humildad

«Procura ser tan grande que todos quieran alcanzarte y tan humilde que todos quieran estar contigo». Esta frase de Mahatma Gandhi ha inspirado a muchos líderes mundiales. La humildad es una de las virtudes esenciales de cualquier buen comunicador. Recuerda que para hablar bien hay que empezar escuchando, y eso requiere humildad.

La frase de Gandhi me recuerda la presentación del libro *Vivir es un asunto urgente*, del doctor Mario Alonso Puig. Acudí sin muchas ganas, pues era a las 7 de la tarde y, en general, las presentaciones de libros solían ser muy aburridas.

Ahí conocí al doctor Alonso Puig como un excelente orador. Nos guio a lo largo de su disertación por multitud de emociones y no pudimos dejar de prestar atención a sus palabras en ningún momento. Dos circunstancias me llamaron mucho la atención: la primera, que cuando terminó eran las 10 de la noche. ¡Se me había hecho cortísimo! Y la segunda, su humildad.

Teniendo un conocimiento exhaustivo de lo que hablaba y dominando la materia como nadie, en todo momento habló escuchando; muchas de sus frases comenzaban con «En mi opinión...», «Yo creo...».

La prepotencia está muy mal vista. Por muy dominador del tema que seas o por muy alto que sea el deseo que tengas de que te den la razón, nunca hables desde el despotismo. Muestra cercanía y respeto por tus interlocutores, incluso cuando evidencien doblez y segundas intenciones. Nunca debes perder las formas. Reconocer los errores humaniza. Aceptar opiniones nos enseña a empatizar y no rebaja en absoluto la fuerza de nuestros argumentos.

Piensa en el ejemplo de Gandhi y recuerda cómo extendió su mensaje persuadiendo a millones de seguidores y convirtiéndose en un líder mundial.

Las personas humildes son conscientes de sus virtudes y de sus defectos. Es una energía que se practica a diario. El reconocimiento de las propias debilidades nos humaniza y tiene un efecto muy positivo en la audiencia.

Lo he experimentado personalmente: en mis conferencias, intento siempre aprenderme el nombre de los asistentes, especialmente cuando se trata de talleres con un número limitado de alumnos; sin embargo, y aunque hago un esfuerzo importante por conseguirlo, a menudo se me olvidan. En alguna ocasión, he reconocido ser muy despistado, y el efecto fue que la audiencia conectó aún con más fuerza con mi charla.

Todos los seres humanos tenemos defectos, y reconocerlos supone compartir una experiencia que otros reconocen como propia.

No es ningún problema; al contrario, nos humaniza. En todo caso, evita la falsa humildad, que es peor incluso que la arrogancia y, sobre todo, se nota tanto como una sonrisa falsa.

La humildad nos ayuda a estar siempre dispuestos a aprender, a agradecer las intervenciones de los demás y a respetar la opinión de la parte contraria.

Hablar con autoridad no tiene nada que ver con la arrogancia; se puede saber mucho de un tema y transmitirlo con seguridad y naturalidad sin altanería.

Creando confianza establecemos las bases para la comunicación. En los clubes de oratoria Toastmasters se les da mucha importancia a las evaluaciones. Son opiniones sobre el discurso que el orador acaba de realizar. En ocasiones, el evaluador es alguien con menos experiencia que el propio orador, pero ese sometimiento a la evaluación es un magnífico camino hacia la humildad.

El evaluador procura ofrecer opiniones y no consejos. La diferencia es importante. No es lo mismo decir: «Debes mirar a la audiencia y hacer contacto visual» que «Eché de menos tu mirada». En este caso estamos hablando desde la opinión personal y nos referimos a una acción específica, no calificamos a la persona.

Por cierto, esta forma de evaluar la actividad de otros es muy útil en las relaciones interpersonales en las empresas y ayuda mucho a mantener la compenetración entre los equipos. En todo caso, es una parcela con metodología y técnica propias que no son objeto de esta obra, aun cuando la comunicación desempeña un papel destacado.

Capacidad de emocionar

Hemos comprobado la capacidad de las historias para llamar la atención de los seres humanos. Es así porque nos emocionamos con los protagonistas de la historia, llegamos a sentir lo que sienten. Por eso la industria cinematográfica tiene tanto éxito: cuenta historias y nos identificamos con muchas de ellas.

La primera condición para que un discurso sea convincente es que despierte el interés, que resulte seductor. La seducción en la naturaleza se da de muchas formas; recuerdo un reportaje sobre el ave del paraíso y el esfuerzo enorme que realiza el macho para seducir a la hembra: limpia el área donde después realizará un baile lleno de sorpresas.

El ser humano usa su capacidad de hablar. Sin embargo, es tal el bombardeo diario de mensajes para intentar persuadirnos y que compremos tal cosa o contratemos tal servicio que hemos generado una especie de coraza que impide que esos mensajes calen.

Comerciantes, empresarios, organizaciones humanitarias y hasta los políticos tratan de seducirnos con sus ofertas, cada una de las cuales es la mejor del mundo; sin embargo, el cerebro humano es listo y está acostumbrado a usar el relato para poder predecir el futuro y vivir tranquilo. Lo hacemos continuamente.

Recuerda cómo explicamos muchas situaciones generando historias: llueve porque hemos sido buenos y los dioses nos favorecen con una buena cosecha o, por el contrario, una tormenta de granizo la arruinó porque nos portamos mal. También te conté que no hemos superado esta actitud con el ejemplo del resfriado.

En consecuencia, para seducir no basta con decir que eres el mejor; tienes que sorprender. Cuando ocurre algo inesperado, nuestro cerebro intentará explicárselo, y ahí es donde reside el interés. Es lo que ocurre cuando ves un accidente o te enfrentas a algo novedoso.

Existen cuatro circunstancias que nos llaman la atención:

1. **El conflicto.** Es el caso del accidente, y también de las situaciones difíciles a las que nos enfrentamos; dedicamos toda nuestra atención a intentar resolverlas.
2. **La incertidumbre.** Similar al conflicto es la incertidumbre. ¿Qué va a ocurrir? ¿Recuerdas el ejemplo de la película *Salvaje*? (capítulo 2). El espectador se quedaba haciéndose muchas preguntas e intentando resolver el conflicto que acababa de ver. Una película de terror no es nada sin la incertidumbre.
3. **La novedad.** La novedad es igualmente atractiva. Ser los primeros en disponer de tal o cual invento nos encanta y despertamos el interés de los demás. Hace unos días observé un corro de gente en el aparcamiento de un centro comercial. Al acercarme vi que se trataba de un ciudadano mostrando su nuevo coche eléctrico a un conocido; en unos minutos había atrapado la atención de muchos de los que caminábamos por el aparcamiento.
4. **La dificultad.** Los diseñadores de videojuegos son conscientes de que su producto tendrá éxito si es verdaderamente difícil de resolver. ¿Quién no ha intentado resolver el cubo de Rubik?

Siempre que llamemos la atención, estamos emocionando. Nos emocionan los personajes y sus vivencias. Emocionamos con las historias, especialmente si son personales; emocionamos con nuestro lenguaje corporal, con nuestra voz.

Cuando conseguimos emocionar, se activan áreas del cerebro que tienen que ver con el aprendizaje y, en consecuencia, lo que contamos se recuerda mejor. Si alguien es capaz de recordar tu mensaje, será capaz de retenerlo y de reproducirlo. Nos encanta hacerlo: sorprender a nuestras amistades con un conocimiento que acabamos de recibir.

Al emocionar, la audiencia recordará lo que dijiste y tú serás también más recordado.

¿Cómo podemos emocionar a nuestra audiencia?

El primer paso es la conexión. Acuérdate de la primera impresión: saluda y sonríe. Recuerda que vas a hablar con el público. Los grandes oradores se acercan a los asistentes y los miran a los ojos. Recuerda también la gestión de tus emociones: un orador alegre y confiado transmite optimismo y seguridad.

Imagina a dos abogados entrando en la sala del juicio en la que está el juez a quien tienen que convencer en unos minutos de que su versión de los hechos es la más creíble. El primer abogado llega mirando al suelo, con gesto serio y un saludo apenas escuchado por su corbata. El segundo lo hace sonriendo, mira al juez y saluda con un claro «¡Buenos días!». ¿A cuál de los dos crees que el juez estará más dispuesto a escuchar? Esto no quiere decir que por el mero hecho de saludar con alegría te vayan a dar la razón, pero seguro que has despertado más interés.

Recuerda igualmente la humanización: en tu informe refiérete a tu representado como a un ser humano, anticipa las consecuencias que la decisión del juez tendrá en su futuro.

Escucha a tu audiencia. Al estar pendiente de sus gestos, podrás adaptar el ritmo de lo que cuentas a su estado emocional. Esto se maneja muy bien en el cine: se dice que la película nace en la mesa de montaje; es ahí donde se la dota del ritmo que tendrá.

Recuerda que tu discurso no es un recorrido en tren, sino una montaña rusa: deben ir apareciendo sorpresas; ha de incluir momentos álgidos y espacios más tranquilos.

Usa todo el arsenal de comunicación del que dispone el ser humano: tu voz, tu lenguaje, tu mirada y tu lenguaje corporal.

Por encima de todo, sorprende. Si evitas ser predecible, emocionarás.

Cuando tengas que hablar en público,
no olvides hablar con el público.

5. Domina tus nervios: supera el miedo a hablar en público

Hablar en público puede ser una experiencia tan emocionante como intimidante, y los nervios suelen ser un compañero inevitable. Sin embargo, no todos los nervios son iguales. Comprender su origen es el primer paso para manejarlos de manera efectiva. Vamos a explorar dos tipos principales de nervios que suelen surgir al enfrentarse a una audiencia: los relacionados con el temor a quedarse en blanco y los provocados por la exposición ante el público. Con estrategias prácticas, podrás convertir estas sensaciones en una herramienta que potencie tu desempeño.

Miedo a quedarte en blanco

El mejor consejo que puedo darte es que domines el tema del que vas a hablar; si conoces bien el contenido, el miedo a quedarte en blanco desaparece por sí solo.

Pero eso no significa memorizarlo. Si memorizas el contenido de tu discurso, creas una sucesión de palabras que tienen que ir fluyendo desde tu memoria. Si se trata de un texto de 1 min, es fácil memorizarlo y reproducirlo, pero si lo que tienes que exponer es más largo, la memoria empieza a flaquear y es fácil que te saltes un párrafo; entonces es cuando los nervios aparecen y arruinas tu alocución.

¡No aprendas tus charlas de memoria!

Memoriza tan solo la frase inicial y el final; el resto dibújalo en tu mente usando mapas mentales. Es una técnica fabulosa y funcionan muy bien. El mapa mental permite esquematizar un contenido y resumirlo en una imagen muy sencilla. Se trata de tener una estructura visible en la que la frase principal está en el centro.

Mientras que los esquemas consisten en multitud de frases que se van subordinando unas a otras, los mapas mentales están integrados por palabras clave y resultan muy fáciles de asimilar: memorizar la primera frase te ayuda a empezar tranquilo, y comprobarás que el mapa mental te permite seguir un recorrido sin perderte.

Cuando memorizas un esquema, tienes que seguirlo punto por punto y no hay señales que te indiquen cuál es el siguiente; tienes que memorizar los puntos tal y como aparecen en el temario. El mapa mental, sin embargo, favorece seguir una lógica visual a través de ramas principales y secundarias; basta con aprenderte las ramas principales.

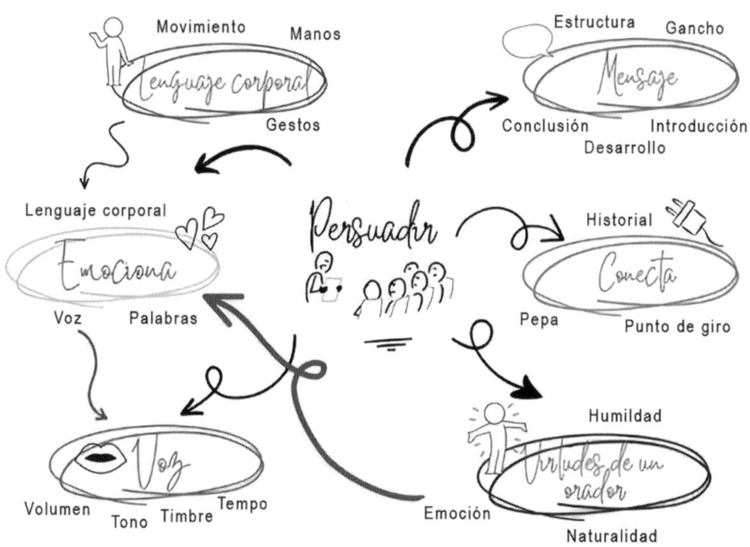

En el mapa mental, los colores ayudan a establecer las jerarquías y son más fáciles de memorizar. Nuestra memoria es muy visual y recordamos mucho mejor las imágenes que las palabras. En un mapa mental puedes incluir imágenes (Buzan, 2018).

El mapa de la imagen te muestra cómo estructuré mi primer taller sobre oratoria. Es sencillo y permite relacionar unas ideas con otras. Se observan fácilmente las ideas principales: mensaje estructurado, conectar, imagen del orador y transmisión de la emoción a través del lenguaje corporal y de la voz.

Además de conocer la materia, necesitarás practicar. Es muy importante; ensaya tu charla, confirma que te ajustas al tiempo establecido. Cuanto más practico mis discursos, más fácil me resulta recordar su contenido.

Respetar el tiempo asignado a una charla es esencial, y la única forma de hacerlo es ensayando con un cronómetro. Seguro que has asistido a diversas conferencias. ¿Qué ocurre cuando no se respeta el tiempo?

Imagina la situación: un seminario cuya agenda indica que comenzará a las 9:00 h con la presentación inicial; a las 9:15 h está prevista la primera conferencia; a las 9:35 h, la segunda, y a las 10:00 h, una mesa redonda con tres participantes que realizarán una introducción de 5 min cada uno que dará paso a continuación a un debate de 30 min.

Antes de la pausa para el café prevista para las 11:05 h, la agenda prevé una tercera conferencia muy interesante que comienza a las 10:45 h.

Sin embargo, el seminario empieza con algo de retraso, el primer conferenciante se alarga 10 min más de lo previsto y la mesa redonda comienza a las 10:20 h. En ella dos de los participantes convierten sus 5 min en 10, así que son las 11:15 h cuando el tercer conferenciante inicia su presentación. Tu llamada a la oficina se va a retrasar.

¿Te ha ocurrido?

A mí me ha pasado, y he comprobado cómo varios asistentes acaban saliendo a la hora prevista para el café, mientras que otros no atienden y se les ve incómodos. El conferenciante, consciente del retraso y de haberse convertido en un muro entre la audiencia y el café, acelera como puede su disertación.

También me he encontrado con la situación de que sea el último conferenciante antes de la pausa quien se alarga inexplicablemente, y observo cómo el público deja de atender.

Estas situaciones son muy dañinas para cualquier conferencia o seminario y se evitan simplemente ajustándose al tiempo.

Cuando te inviten a dar una charla, ensaya tu tiempo y ajústate a él. Recuerda aquello de «Lo bueno, si breve, dos veces bueno».

Por último, recuerda la regla del tres: si divides tu exposición en tres partes, te resultará mucho más fácil recordarla y exponerla.

Pensemos en el informe ante el juez. El procedimiento cuenta con diversas actuaciones reflejadas por escrito: demanda, denuncia, declaraciones y atestado, muchas veces desordenadas y repetidas. Tu objetivo debe ser poner luz, y esa luz no es otra que tu mensaje principal: «Fulanito era un empleado de Alfa por esto, por esto y por esto». Este inicio capta la atención. A continuación, explica cada una de las razones y adórnalas con un ejemplo: «La dependencia queda probada a través del correo electrónico de fecha XX/XX/XX, en el que...». Y termina con una conclusión que vuelve a reflejar tu idea: «No hay otra interpretación posible de la relación entre Alfa y Fulanito que concluir que era de carácter laboral por esto, por esto y por esto».

La misma estructura es aplicable a cualquier discurso.

Te muestro el ejemplo de una charla que ofrecí en un instituto de formación profesional para ingenieros informáticos que mereció grandes elogios. Tuvo lugar en 2021, tras el impacto de la COVID-19 y aún conviviendo con sus efectos.

La inicié con una reflexión sobre si estábamos viviendo una era de cambios o nos encontrábamos ante un cambio de era. Esta introducción planteaba un conflicto: ¿va a cambiar la revolución digital la sociedad actual de forma drástica o será una mera adaptación a nuevas tecnologías?

El desarrollo explicaba la evolución de las sociedades humanas. Recurrí al libro *La tercera ola*, de Alvin Toffler, para resumir lo que esta obra propone: la humanidad ha vivido dos olas que modificaron sus hábitos de forma significativa: la agricultura, que permitió al ser humano nómada y cazador crear aldeas y adoptar un modo de vida más sedentario, y la Revolución Industrial, que permitió la creación de grandes urbes en torno a las fábricas, convirtiendo a los individuos en productores/consumidores. La tercera ola llegaría de la mano de la revolución informática y de las telecomunicaciones, que nos llevarían a una sociedad diferente.

Expuse cómo el confinamiento decretado durante la pandemia había acelerado el teletrabajo y mostrado que los jóvenes podían recibir clase desde sus domicilios. Relaté las ventajas y los inconvenientes y dejé varias cuestiones en el aire que dieron lugar a un debate muy interesante durante los ruegos y preguntas.

Mi conclusión fue que vivíamos el paso a una nueva era en la que no bastaba con adaptarnos, sino que era necesario plantearnos una reinvención total para afrontar los nuevos escenarios que plantearía la digitalización de carácter cognitivo, una estructura clara que no tuve dificultad en recordar gracias a las tres partes perfectamente definidas.

Te muestro tres últimas reflexiones para no olvidar el contenido:

- **Usar unas notas.** La situación de los abogados en un juicio permite el uso de unas notas con mucha facilidad. En todo caso, te recomiendo que sean solo una guía; no leas tu informe. Un discurso leído pierde naturalidad y genera desconfianza. Fíjate en los discursos de los políticos en la tribuna del Congreso. Cuando son leídos, el orador baja la cabeza continuamente para leer lo que tiene escrito. Además de perder el contacto visual y desconectarlo de la audiencia, transmite una sensación de inseguridad que le resta parte de su credibilidad. Los discursos *sin papeles* son muy alabados por los periodistas porque reflejan la calidad de buen orador del político que los pronuncia. Son exposiciones que parecen salir directamente desde el corazón. Ocurre con frecuencia cuando hay réplicas y dúplicas. Si se ciñen a lo que han escrito previamente, resultan un poco absurdas. Cambian mucho cuando se arriesgan a responder a lo que ha expuesto el rival político.

  Si temes olvidar algo y disponer de unas notas te tranquiliza, puedes llevarlas, pero tenlas en una pequeña ficha en tu mano;

restará algo a tu lenguaje corporal, pero es mejor comprendido por el público, especialmente si estamos ante una conferencia de más de 10 min.

- **Usar tu lenguaje habitual.** Lo he visto más de una vez: si por parecer más erudito recurres a palabras que no usas habitualmente, perderás el hilo de forma automática o resultarás muy poco creíble. Lo afirma Kahneman citando una investigación de Danny Oppenheimer: «La formulación de ideas familiares con un lenguaje pretencioso es signo de escasa inteligencia y baja credibilidad» (Kahneman, 2012).

  ¿Recuerdas a Eulogio, conserje del edificio en el que vivía *La gran familia*? Se trata de una película española de 1962 en la que Erasmo Pascual interpreta el papel de Eulogio, un conserje muy redicho, alguna de cuyas frases resultaron memorables: «El señorito Críspulo ha hecho otro barbarismo, ha preponderado los cajetines de la corresponsalía. Es un supositorio, pero muy aproximativo, "uséase", problemático».

  ¿Entiendes algo?

  Para un personaje cómico está muy bien, pero no para la credibilidad de un orador.

Memoriza el inicio y el final de tu discurso y aprende la estructura del resto a través de mapas mentales sin leer; habla con un lenguaje sencillo y transmitirás confianza.

- **Usar un lenguaje sencillo.** Habla como si lo hicieras para estudiantes de 18 años. Recuerda lo que explicaba respecto a la jerga jurídica (apartado *Claridad*). Usa frases cortas y evita los circunloquios, muy habituales cuando no tenemos claro el hilo de nuestro argumento.

¿Qué hacer si a pesar de haberlo preparado me quedo en blanco?

Lo primero, mantener la calma. Un pequeño truco es acudir al vaso o la botella de agua. Te disculpas y bebes un traguito. Mientras lo haces, es muy probable que recuperes la idea y puedas seguir sin problema. Si crees que te has perdido mucho, es el momento de involucrar a la audiencia. Pregúntale. Imagina que vas a explicar tres razones por las que la legislación protege determinado derecho; has mencionado dos y la tercera no la recuerdas. Preguntar al público: «¿Cuál creéis que es la tercera?». Puede ofrecerte la solución. Si acierta, genial. Si nadie responde, no te queda más remedio que disculparte y recurrir a tus notas; sin embargo, ahora podrás hacerlo con algo de humor: «Vosotros no lo sabéis y a mí se me ha olvidado; menos mal que me he traído una chuleta». Recuerda que somos humanos. Reacciona con naturalidad.

Si te ocurre en pleno juicio, ve directamente al agua mientras consultas tus notas o acude directamente a ellas solicitando un momento para hacerlo, siempre con naturalidad y calma.

Inseguridad en el escenario

Como ya he dicho, el objetivo es hablar con la misma espontaneidad con la que le cuentas algo a tus amigos. Te recuerdo lo de «hablar con el público en lugar de hablar en público». Vuelve a preguntarte cómo le cuentas algo a tus amigos. Fíjate ahora en tu lenguaje corporal: los miras a los ojos.

Sin embargo, lo primero que hacen los oradores inexpertos es evitar el contacto visual, sea mirando al suelo o al techo. Esto nos pondrá aún más nerviosos, pues nos impide controlar cómo está recibiendo el discurso nuestra audiencia. Además, cuando miramos a los ojos de los asistentes, descubrimos a muchos que nos sonríen o asienten con la cabeza; busca la fuerza que estos concurrentes pueden proporcionarte.

Imagina que estás ante un peligro: un león viene hacia ti. ¿Te quedas parado mirando el suelo? Me imagino que o sales corriendo o miras de frente para ver cómo puedes salvarte. Es posible que el miedo te paralice, pero lo que nunca harías es dejar de mirar. Así que mira a los ojos de tus oyentes; conecta con ellos.

No se trata de clavar tus ojos en los del juez; se sentirá incómodo y, además de apartar la mirada, desconectará de lo que dices. Lo ideal es mover tu mirada. Si tu único interlocutor es el juez, mueve tu vista haciendo triángulos de un ojo a otro y hacia la frente. Si tienes confianza con él, puedes invertir el triángulo: de un ojo a otro y hacia la nariz.

Puedes mirar al acusado, a tu representado; si lo haces en los momentos en los que te refieres a él o a alguna de sus acciones, reforzarás tus palabras.

Si te encuentras ante varios espectadores, mueve tu vista de los ojos de una persona hacia otra; no mantengas la mirada más allá de 4 s en cada una. Ir paseando la mirada de unas a otras les trasladará el mensaje de que se lo estás contando a cada una y contribuirá a que te relajes.

Ante un auditorio muy numeroso, tu vista se mueve de un sector a otro; es posible que el público esté lejos y te resulte difícil mirar a los ojos; no importa, ve moviendo tu mirada por sectores.

Tu mejor opción es la serenidad. Proporciónatela: en lugar de llegar al escenario y empezar a hablar a toda prisa, haz una pausa. James C. Humes, autor de varias obras sobre liderazgo además de los discursos del presidente Eisenhower, afirmaba que «el arte de la comunicación es lenguaje del liderazgo», y una de sus recomendaciones era esperar unos segundos antes de iniciar el discurso para aumentar el impacto de lo que se iba a decir (Humes, 2002).

Una de las frases que más usan los evaluadores de un discurso en las sesiones de los clubes de oratoria es «Te sientes cómodo en el escenario». Se aplica a aquellos oradores que hablan con naturalidad.

Uno de los secretos para conseguirlo es familiarizarse con el escenario. Recuerdo la primera vez que tuve un juicio en el Tribunal Supremo. Sin ser un orador experimentado, puedo decir que se me daba bien; había hecho algo de teatro y los escenarios me resultaban familiares. Sin embargo, tener que hablar ante los magistrados del Supremo con apenas 25 años imponía.

Alguien me recomendó asistir como espectador a algún juicio para ver la dinámica y aprender cómo se hacía. Acudí un par de veces y, lógicamente, aprendí la dinámica. Sin embargo, lo que más me ayudó fue familiarizarme con la sala. En aquel entonces, las salas de juicio eran grandes salones con techos muy altos, paredes enteladas en rojo y lámparas de bronce, el típico escenario ante el que te sientes pequeño y en el que es muy fácil ponerse nervioso. Conocerlo con anterioridad evitó que el escenario aumentara mi nerviosismo. Desde entonces me aplico esa regla y acudo a los escenarios en los que tengo que dar una charla para reconocerlos. Me ayuda a imaginarme hablando allí y cumpliendo la puesta en escena del MAPA que te recomendaba en el capítulo 1.

Imaginar el momento antes de que llegue y experimentarlo de forma positiva es un paso importante para eliminar los nervios de hablar en público. Imagínate saliendo al escenario de forma triunfal como si fueras un gran artista. Si te familiarizas con el marco en el que vas a hablar, todo será más fácil y evitarás las sorpresas. Recuerda que tener controladas las situaciones imprevisibles te ayuda a calmarte. Funciona igual que con preparar el discurso.

Los imprevistos generan ansiedad; redúcelos al mínimo. Suelo llevar mi presentación en dos memorias USB por si falla una y, en la visita que hago para familiarizarme con el espacio, pruebo que funcionen en el ordenador que me proporcionan; si hay algún problema, llevo mi propio ordenador. Si necesito conectarme a Internet en algún momento, preveo que funcione. A menudo llevo un atril portátil cuando la organización no dispone de uno. Llego con 30 min de antelación para preparar todo lo necesario. Ser previsor en estas situaciones me proporciona una gran tranquilidad.

La imprevisión genera situaciones muy difíciles. Te recomiendo que escanees el siguiente QR y veas el vídeo (TechSmartt, 2014) en el que Michael Bay, director de películas tan conocidas como *La Roca*, *Transformers* o *Armageddon*, se queda en blanco ante una audiencia de miles de espectadores durante una presentación en la feria de la electrónica de consumo en 2014. Ante la primera pregunta del presentador, Bay empezó a balbucear, se disculpó y salió inmediatamente del escenario. Posteriormente volvió a disculparse y explicó que había fallado el teleprónter provocando que se pusiera nervioso y tuviera que irse. Lo evidente es que no había preparado su discurso, tampoco había intentado eliminar los imprevistos y carecía de plan B.

Ver vídeo de Michael Bay ante la audiencia del Consumer Electronics Show, en 2014.

Tener una vía de escape para estas situaciones es fundamental. No te puedes ir sin más. Hay que intentar seguir, aunque sea brevemente. Si por la razón que sea no es posible continuar, al menos hay que disculparse y decir adiós con elegancia. Ponerse nervioso es más normal de lo que pueda parecer; no creas que solo te ocurre a ti.

Mark Twain afirmaba que el 50 % de los oradores confiesa sentirse nervioso antes de dar una charla y que el 50 % restante simplemente miente. Los expertos afirman que hasta un 75 % de la población padece glosofobia, que es el miedo a hablar en público, así que no deberías preocuparte mucho por ello; lo importante es aprender a drenar esos nervios. No se eliminan, se dominan e, incluso, los puedes convertir en tu energía.

Esos nervios tienen un origen antropológico: el ser humano es un animal débil si lo comparamos con leones, gorilas o chimpancés. Desde la Prehistoria ha evitado exponerse. Nuestro cerebro activa la amígdala para protegernos. Este conjunto de neuronas localizadas en el cerebro humano es el que provoca el miedo cuando nos exponemos. Hoy en día se activa a la hora de hablar en público ya que interpreta que es una forma de exposición al peligro. No olvidemos que somos seres relacionales y el rechazo por parte del grupo nos genera mucho dolor. En consecuencia, evitamos esa exposición.

La buena noticia es que se puede desactivar. Podemos crecernos ante la adversidad, y ese es el camino a través del que superamos el miedo. Si te pregunto si entrarías en la jaula de un león hambriento, tu respuesta sería un rotundo «no». Sin embargo, imagina que un hijo tuyo o alguien muy querido han caído en la jaula: ¿entrarías a salvarlo? Cuando hago la pregunta en mis talleres, la gran mayoría responde afirmativamente. Lo que ocurre en esos casos es que el nervio vago se activa y ayuda a apagar la amígdala. Los expertos han descubierto diversas formas de estimular el nervio vago y contribuir a calmar nuestra ansiedad. Una es practicar deporte con frecuencia, ya que aumenta la frecuencia cardíaca y el tono del nervio vago; la risa es otro gran estimulante.

A la hora de hablar en público, te recomiendo practicar las respiraciones lentas y rítmicas: inspira profundamente y de forma diafragmática mientras cuentas hasta 4, retén el aire contando igualmente hasta 4 y expúlsalo mientras vuelves a contar hasta 4. Repetir este ejercicio varias veces ayuda a relajarnos, pero sin desactivarnos. Cuando hablemos de la voz más adelante, te ofreceré algunos ejercicios para calentarla que también contribuyen a activar el nervio vago.

Una vez en el escenario, comprobarás que pasear por él ayuda a drenar los nervios. Lo veremos al hablar del lenguaje corporal.

Hay quien me pregunta si tener un objeto en la mano puede ayudar a calmarnos. Evidentemente, sí. A mí no me gusta, pues me encanta usar mis manos para hablar con ellas, pero si te ayuda tener un bolígrafo en la mano o el pasapáginas en el caso de una presentación, adelante con ello.

Miedo al público

Ya he explicado cómo actuar frente a un público numeroso y el poder de la mirada frente a él.

Puede ocurrir que tu miedo lo provoque determinado público. Recuerdo al director comercial de una compañía: me decía que no tenía ningún problema a la hora de hablar ante su equipo o incluso ante otras personas, pero que la mera presencia del director general en sus presentaciones le provocaba un pánico atroz. Lo he visto más veces: hay personas que por su ascendencia sobre nosotros o por otras razones provocan esa sensación de miedo que nos atenaza y nos impide hablar con naturalidad.

Le sugerí que llegara con tiempo y compartiera con el director general lo que iba a presentar. ¡Funcionó! Algunas semanas después me escribió contando que el hecho de hablar previamente con él le había proporcionado mucha calma y que la presentación había fluido sin problemas.

Lo asimilo a lo que ocurre con los imprevistos: piensas que el director general te hará una pregunta que no podrás responder o, simplemente, quieres que todo salga tan perfecto que tú mismo generas una ansiedad completamente injustificada e innecesaria. De hecho, el mejor consejo que puedo darte para evitar los nervios es que eludas la perfección. Somos humanos y, en ocasiones, la evidencia de esa humanidad a través de un error nos conecta mejor con la audiencia. No te preocupes si no sale perfecto.

Lo he vivido personalmente: tengo talleres que he impartido en multitud de ocasiones y que conozco a la perfección, sin embargo, me confundo a la hora de exponer una anécdota o facilitar un dato. Al principio me preocupaba pensando que no lo había ensayado suficientemente, pero pronto me di cuenta de que muchos de esos errores son imperceptibles para el público o que detectándolos no restaban ni una décima a las evaluaciones positivas que me proporcionaban.

De hecho, y en relación con los nervios, es bueno que tengas en cuenta que tan solo el 1 % de los asistentes a tu conferencia se dará cuenta de que estás nervioso, así que olvídate de expresarlo. La peor forma de empezar un discurso o un alegato ante el juez sería poner el foco sobre tu estado emocional: «Señoría, ruego que me disculpe porque es la primera vez y estoy nervioso...».

¡Nunca!

Contar que es tu primera vez y que confías en estar a la altura puede humanizarte y que te atiendan con especial indulgencia, pero nunca digas que estás nervioso; eso provocaría una desconexión inmediata y no te proporcionará el consuelo que buscas.

Para entenderlo bien, exploremos cómo funcionan las emociones. Son consustanciales al ser humano. Con frecuencia las experimentamos de forma inconsciente: nuestro equipo de fútbol pierde y estamos ariscos, enfadados. Sin venir a cuento, nos convertimos en transmisores de ira, de rabia. Si, por el contrario, ha ganado, la alegría nos invade y transmitimos euforia, entusiasmo.

Hay seis emociones básicas, y cada una transmite algo: la alegría contagia entusiasmo y euforia; la tristeza, abandono o depresión; el enfado, amenaza o rabia; el asco, repulsión o intolerancia; la sorpresa, descubrimiento o desconcierto, y el miedo, inseguridad o vulnerabilidad.

El orador que no domine sus emociones será esclavo de lo que transmiten, y su eficacia desaparecerá. Todos los expertos lo saben: el negociador que se enfada pierde.

Podemos dominar nuestras emociones y con ellas lo que transmitimos.

Para dominar los nervios, controla tus emociones y sigue tres consejos: practica, practica y practica.

Si existe algo capaz de persuadir por sí solo es la pasión. Por encima de todo, sal al escenario con pasión, defiende los intereses de tu cliente con tu convicción. La pasión es contagiosa y en un orador convence. Piensa en cómo te sentiste ante un nuevo reto que te resultaba atractivo: lo diste todo, y seguro que la pasión te ayudó a triunfar.

No se trata de pasión desmedida, sino de la pasión como emoción controlada. Lo explicaré con un ejemplo:

Has tenido un día malo de verdad: tu presentación ante el director del despacho ha sido un desastre; abatido, intentas olvidarlo cuando te dicen que se te han estropeado la lavadora y el lavavajillas de tu domicilio, por lo que el dinero que habías ahorrado para las vacaciones desaparece, y agotando el día, tienes una discusión con un compañero de trabajo que acaba por encenderte.

Realmente enfadado, te subes al coche y te dispones a regresar a casa. Deseas con todas tus fuerzas que el día termine, pues llevas un mosqueo encima de los que hacen época. Aun así, eres prudente y guardas la distancia de seguridad en el habitual atasco camino de casa, que no contribuye a calmarte.

Intenta sentirte de esa forma.

De repente, otro vehículo se cuela delante de ti obligándote a frenar para poder disponer de nuevo de la distancia de seguridad. ¿Cómo reaccionas?

Me imagino tu respuesta: claxonazo e insulto triple.

Pensemos ahora en un nuevo escenario: has tenido un día fantástico. Tu presentación fue un éxito, hasta el punto de que recibiste la felicitación del director del despacho anunciándote que pronto serás socio. Recibes noticias sensacionales desde casa: tus hijos han obtenido una beca de excelencia por sus resultados en el colegio, o cualquier otra buena noticia que desees imaginar. Tu felicidad se desborda y, cuando sales del despacho para compartirla con los tuyos, un compañero te anuncia que habéis ganado un pequeño premio en la lotería. No te hará millonario, pero sí te alegrará las vacaciones.

Radiante de gozo, te subes al coche y pones tu música más marchosa. Tienes ganas de bailar.

Intenta sentirte de esa forma.

Como eres prudente, guardas la distancia de seguridad en el habitual atasco camino de casa. El atasco te incomoda, pero no te saca del estado de felicidad que llevas. De repente, otro vehículo se cuela delante de ti obligándote a frenar para poder disponer de nuevo de la distancia de seguridad. ¿Cómo reaccionas?

Seguro que de forma diferente.

Pasa lo mismo cuando recibes un comentario: si te sientes enojado y alguien te ofrece lo que cree que es un consejo constructivo, puede ser suficiente para llevarte al límite y sentirte como un fracasado. Si, por el contrario, te sientes feliz y capaz de enfrentarte a los desafíos, es más probable que escuches y no te obsesiones.

Recuerda que el buen orador empieza escuchando.

Cuando dominas tus emociones, la reacción debería ser similar en ambos casos. Un orador debe salir al escenario o sentarse ante el juez dominando sus emociones. De esta forma puede salir alegre, con ganas de emocionar y contagiar sus conocimientos. La generosidad del orador estimula el nervio vago y desactiva la ansiedad provocada por la amígdala.

Guía rápida para vencer el miedo al público

El miedo a hablar en público es positivo; indica que te importa lo que haces.

Identifica tu miedo: ¿quedarte en blanco?, ¿el perfil de la audiencia?, ¿ser rechazado?

Una vez identificado, practica para drenarlo.

Sonríe.

Estimula el nervio vago con ejercicios de respiración rítmica.

Haz contacto visual e hidrátate. Lo de que se te queda la boca seca es verdad, y eso dificultará tu voz.

Y, por último, acepta la imperfección; somos humanos.

Es positivo ser previsor para evitar sorpresas que nos pongan nerviosos, pero no quieras controlarlo todo. Somos humanos; la imperfección existe.

6. Sesgos en el mundo jurídico

Como ya expliqué al inicio del capítulo anterior, los seres humanos necesitan entender lo que se les cuenta a través de una interpretación ágil mediante lo que Kahneman llamaba *sistema 1*. Estas interpretaciones crean distorsiones de la realidad que conocemos como *sesgos*.

Funciona como unas gafas coloreadas a través de las cuales nos explicamos la realidad dando más importancia a unos aspectos que a otros; así se genera la perspectiva personal de cada uno. En consecuencia, un mismo discurso será interpretado de forma diferente por personas con perspectivas distintas.

Mientras que los sesgos cognitivos son propios de cada uno, hay otros sesgos que nos vienen impuestos por la cultura, la sociedad o nuestras emociones.

Te pongo un ejemplo: los refranes son pequeñas historias que nos contamos para justificar determinados hechos. Una persona que es en general trabajadora y que rinde mejor a primera hora del día que por la noche (la llamada *alondra*) considerará muy acertado el refrán «A quien madruga Dios le ayuda». Su aceptación será máxima si en cierta ocasión madrugar la libró de algún problema o la ayudó a acertar con una solución.

Por el contrario, si es una persona que trabaja mejor por las noches y que aprecia paladear los momentos o realizar las cosas con más calma, preferirá el refrán: «No por mucho madrugar amanece más temprano». Sus perspectivas de determinados hechos serán diferentes. Esto le va a ocurrir tanto al abogado de la parte contraria como al juez. En ocasiones sus puntos de vista serán coincidentes y en otras, no.

Los sesgos están presentes en las tomas de decisiones y, por tanto, en las negociaciones, en las decisiones judiciales y en la respuesta a nuestros discursos. El cerebro humano suma conocimiento, ideas, experiencias, emociones y las propias percepciones generadas con todo ello. Queda muy bien explicado en el mito de la caverna de Platón: la realidad puede ser muy diferente a la percepción, especialmente cuando esta se encuentra sesgada.

El juez debe tomar decisiones sobre los hechos, y la descripción de estos es la que intenta plasmar cada una de las partes en el proceso judicial:

- **Sesgo de confirmación.** Es uno de los sesgos más comunes. El individuo tiene una percepción inicial y busca confirmarla valorando las pruebas y los argumentos que la respaldan mientras elude o minusvalora los que la contradicen.
- **Caer bien.** En su afán por conseguir una sentencia favorable, los abogados podemos excedernos en comportamientos destinados a agradar al juez descuidando los argumentos que respaldan nuestra teoría.
- **Encuadre.** La propia construcción de las frases contribuye a la aceptación de su contenido, hasta el punto de que la formulación de una pregunta de un modo u otro, incluso usando exactamente las mismas palabras, es un factor determinante para que acepten o rechacen nuestra petición. Un abogado hábil preguntando puede conseguir respuestas que justifiquen su teoría del caso.

  Un buen ejemplo es la historia de dos monjes de distintas órdenes que se encontraban cada día al atardecer en la plaza del pueblo. Ambos eran fumadores y dudaban de si estaba permitido fumar cuando rezaban. Un día decidieron preguntar a sus superiores y compartir después las respuestas:

  —¿Cómo te fue con el obispo? —preguntó el primero.

  —Fatal —contestó el segundo—. Le pregunté: «¿Obispo, puedo fumar mientras rezo?», y no solo me lo prohibió, sino que me puso una penitencia por pensar en un vicio mientras estaba dialogando con el Señor. Imagino que a ti te ha ido igual de mal, ¿no?

—No, a mí me fue muy bien. Le pregunté: «¿Obispo, puedo rezar mientras fumo?, y no solo me dejó, sino que me felicitó por mi devoción».

En las pruebas de acceso a fuerzas y cuerpos de seguridad se incluye un test psicotécnico que pretende averiguar, entre otros muchos factores, la coherencia y la definición de la personalidad del aspirante. En ellas se incluyen las siguientes afirmaciones, respecto a las que hay que responder si estás a favor o en contra:

«En general, es bueno que el Estado intervenga la economía porque es necesario para evitar la acción de los especuladores».

«En general, es malo que el Estado intervenga en la economía porque es mejor dejar al libre mercado funcionar por sí solo».

Un porcentaje muy alto de examinandos responde afirmativamente a las dos.

- **Aversión a la pérdida.** Es muy a tener en cuenta en las negociaciones.

Todos los años, un profesor de la clase de negociación de la Harvard Business School subasta entre sus alumnos un billete de 20 $. Las dos únicas condiciones son que las pujas solo pueden incrementarse de dólar en dólar y que los dos últimos postores pagan su apuesta, aunque únicamente el ganador se lleva el billete.

Enseguida, un alumno levanta la mano y ofrece 1 $; a continuación, un segundo alumno ofrece 2 $. A partir de aquí va subiendo la puja hasta el fatídico momento de los 19 $ que ha ofrecido un alumno: el que ofreció 18 es consciente entonces de que perderá 18 $ de acuerdo con la regla (los dos últimos postores pagan su apuesta, aunque únicamente el ganador se lleva el billete); en consecuencia, ofrece 20 $. El problema ahora lo tiene quien ofreció 19; decide, por tanto, ofrecer 21 $, ya que es mejor perder 1 $ que 19. A partir de ahí los dos últimos en pujar van subiendo la cantidad.

¡Me cuentan que la puja ha llegado a superar los 200 $!

Algo parecido ocurrió en el caso *Euskaldunon Egunkaria*. un diario guipuzcoano que se publicaba en euskera y que se mantuvo cerrado durante siete años aun cuando no existía reproche legal alguno que justificara la actuación.

El miedo a *perder* las investigaciones realizadas llevó a esa decisión. El sesgo se impuso a la realidad.

- **No es oro todo lo que reluce.** Es un dicho muy antiguo atribuido a Esopo («*Non omne quod nitet aurum est*»). Esta percepción lleva a muchos a rechazar una interpretación de la realidad que es muy buena pero se niegan a aceptar; surgen dudas: «a lo mejor no lo es», «hay que analizarlo mejor», «hay que investigarlo para ver si realmente es así».
- **Falacia del coste hundido.** Se caracteriza por la tendencia a aferrarse a ideas, proyectos o decisiones previos debido a los recursos (tiempo, dinero o esfuerzo) ya invertidos, incluso cuando estos ya no son válidos o apropiados. Esto hace que las personas sigan comprometidas con algo simplemente porque han invertido mucho en ello, en lugar de reevaluar la situación objetivamente. Esta mentalidad puede llevar a la persistencia en ideas o estrategias que no son efectivas simplemente porque se ha invertido mucho en ellas previamente. Se refiere a la tendencia a continuar con una decisión o inversión debido a los recursos ya gastados, en lugar de basarse en una evaluación racional de los beneficios y costes futuros.

Existen diversos estudios al respecto. El propio Kahneman participó en uno denominado *Noise: A Flaw in Human Judgment* junto a Olivier Sibony y Cass Sunstein (Sunstein, C., Kahneman, D. y Sibony, O., 2021).

En el mismo describen como *ruido* en el juicio humano determinados sesgos que condicionan decisiones empresariales y también judiciales.

De la mano de un estudio desarrollado por el juez Marvin Frankl, analizan sentencias contradictorias justificadas precisamente por los sesgos.

Cuando prepares tus discursos, piensa en cómo los recibirán tus interlocutores. Además del contenido, dependerá de tu imagen, de la voz y de tu lenguaje corporal, pero también influirán los sesgos inconscientes con los que todos juzgamos o prejuzgamos.

7. Improvisar

Hemos visto cómo preparar un discurso en el que no habrá interrupciones ni modificaciones. Además, dispondremos de tiempo para ello. Sin embargo, en un alegato jurídico nos podemos encontrar con situaciones imprevistas que nos obliguen a rectificar parte de lo que habíamos preparado y hacerlo sobre la marcha. O podemos encontrarnos con la necesidad de improvisar un discurso.

En cierta ocasión, invitaron al famoso escritor estadounidense Mark Twain a dar una charla sobre la marcha. Su respuesta es una de las frases más célebres sobre oratoria: «Si quieren que hable durante una hora, estoy listo; si quieren que hable durante unos minutos, necesito unas semanas para prepararme».

Improvisar es todo un reto tanto por la dificultad para estructurar nuestro mensaje como por el incremento del nerviosismo. Como primer paso te recuerdo la fórmula: una idea y tres argumentos. Te ayudará a configurar tu alocución.

En los clubes de oratoria, se organizan hasta concursos de charlas improvisadas. El encargado de hacerlo elige un tema y los concursantes deben exponer durante un par de minutos un discurso coherente. Para tener éxito, hay que empezar pensando en la idea que vamos a transmitir. Ayuda mucho incluir una emoción: ¿qué te inspira o que sientes respecto a determinados temas?

Imagina que debes hablar de política, de un deporte o de algo que tienes muy presente. Seguro que te cuesta muy poco. Como muchas de nuestras conversaciones se desarrollan en torno a lo que nos ocurre, hablar de ello sería repetir alguna conversación que ya hemos tenido: un estudiante de bachillerato tendrá poca dificultad para hablar del examen de acceso a la universidad o de la carrera que ha decidido estudiar; una mujer embarazada realizará un discurso solvente sobre la maternidad, los bebés, etc., y, si has participado en alguna de estas conversaciones, habrás comprobado con qué facilidad el resto expone sus experiencias si ya ha pasado por la paternidad.

En ocasiones la improvisación puede ser más difícil. Veámoslo con un ejemplo.

En uno de esos concursos de charlas improvisadas propusieron como tema ofrecer un discurso en una boda, pero no un discurso de los habituales; quien lo organizó pensó en situaciones complicadas: a mí me tocó ser el exnovio de la esposa y tener que ofrecer un discurso.

El primer pensamiento que me vino a la cabeza es que habría que tener muy mal gusto para invitar a un ex; sin embargo, no podía empezar por ahí. Tras unos segundos, recurrí a la fórmula. La idea fue «Yo debería estar a tu lado». A partir de ello, ofrecí tres argumentos con una estructura cronológica que encajaba muy bien:

1: Conocí a la novia... la quería.

2: Tuvimos nuestras diferencias... las superamos.

3: Hoy te veo aquí, recién casada, sabiendo que podría llevar ahora mismo un anillo con tu nombre.

La conclusión: nos amamos, demostramos ser capaces de superar dificultades, me traicionaste y estoy seguro de que jamás tendrás con quien hoy se sienta a tu lado la química de la que gozamos.

La idea central sirve de base para no perderte. Por eso es muy importante tener claro qué quieres transmitir.

Los pasos 1 a 3 eran fáciles de imaginar. El orden de los argumentos es un elemento esencial. Recurre a una estructura sencilla: cronológica o temática.

La conclusión surgió sobre la marcha. Resultó ocurrente y provocó las risas de la audiencia. Pero podría haber sido diferente: «Te deseo que seas mucho más feliz con quien está a tu lado».

¿Cómo lo aplicas en un entorno jurídico? Con los mismos pasos.

Imagina que durante el juicio ha aparecido una prueba que te obliga a cambiar parcialmente tus conclusiones: defendías que Fulanito era un empleado tratado por la empresa Alfa como un falso autónomo y esta ha proporcionado varias facturas a otros clientes del propio Fulanito.

Primero, elige la idea. Tienes que reforzar el resto de las pruebas en las que te apoyabas (integrando en la estructura el uso de medios de la empresa).

- Tu idea: En nada desvirtúa los argumentos de esta parte.
- Tus argumentos:
    - Alfa permitió en todo momento que Fulanito tuviera otras actividades.
    - Le convenía porque se ahorraba los costes de un contrato de trabajo.
    - Las horas dedicadas por Fulanito a Alfa no se vieron en ningún caso reducidas.
- Tu conclusión: La práctica de falso autónomo se basa precisamente en la apariencia de... cuando en realidad...

Seguro que eres capaz de ver que hay caminos para improvisar una respuesta y que son más fáciles si recurrimos a la fórmula. Como es lógico, la improvisación mejora con la práctica. No opera como una habilidad, sino que de repente te das cuenta de que dispones de muchos recursos para ofrecer respuestas.

Si practicas algún deporte, como el tenis, sabes que, cuantas más veces realizas un golpe, mejor te sale. A base de repetir, interiorizas un movimiento. La oratoria funciona de forma parecida: cuando has hablado muchas veces en público de algún tema, los argumentos y las ideas que has utilizado están a mano; puedes recurrir a ellos.

Actividades para improvisar mejor

Te recomiendo algunas actividades que te ayudarán a improvisar mejor:

- **Acostúmbrate a escuchar.** Hablando en cierta ocasión sobre las ventajas y los inconvenientes de los diferentes idiomas europeos, alguien me explicó que la gran ventaja del alemán es que tienes que escuchar toda la frase antes de poder responder ya que el verbo suele estar al final. En consecuencia, los germanoparlantes escuchan con atención y no suelen interrumpirse, como hacemos los latinos. El francés, el italiano o el español son idiomas con una estructura muy definida y a menudo anticipamos el final de lo que nuestro interlocutor nos está contando; de esa forma, iniciamos nuestra respuesta antes de que termine. Evita esta situación y escucha las frases hasta el final.

- **Haz pausas al hablar.** Tenemos miedo de que nos quiten la palabra y muy a menudo hablamos sin respirar. Haz pausas en tus frases; si te quitan la palabra o te interrumpen, reclama con una sonrisa tu derecho a terminar la frase. Usa la asertividad si es necesario. Hablar despacio, sin llegar a aburrir a las ovejas, provoca que te escuchen con más atención.
- **Evita las respuestas predeterminadas.** Te encuentras con un vecino en el ascensor y te pregunta por la familia (cuando no habla del clima); no te apresures a responder: «Bien, gracias»; busca algo más original o sé más específico: «Mi hija mayor está nerviosa por los exámenes», o cualquier otra respuesta que te conecte más con las personas. Las respuestas corrientes evitan que pensemos y son tan rutinarias que ni siquiera se escuchan. Nos oímos, pero no conectamos.

  El doctor John Medina quiso averiguar si existían frases o palabras que activaran la dopamina, esa hormona neurotransmisora relacionada con la sensación de placer. Encontró que todas esas frases estándar que nos cruzamos al encontrarnos dejan la dopamina igual que estaba. Sin embargo, cuando provocamos que alguien recuerde algo agradable, la dopamina aumenta. Si en lugar de preguntar a un compañero de trabajo «¿Qué tal el fin de semana?» le preguntas por algo concreto, como por la ruta en bicicleta que iba a realizar por tal senda, la conexión surge de forma inmediata; la dopamina se activa y te recordará mejor (Medina, 2008). Esto nos entrena para mejorar nuestra improvisación.
- **Huye de la perfección.** No existe una única forma de responder correctamente a una pregunta. Hemos superado esa época en la que nos enseñaban a responder como si fuéramos robots a base de clichés. Habla como un ser humano.

Una buena fórmula para improvisar:
una idea y tres argumentos para defenderla.

8. Conclusión

Cuando tengas que hablar en público, cuida tu imagen desde el primer momento.

Llega con tiempo. Los imprevistos se resuelven mejor con calma y tiempo por delante.

Activa tu empatía y asertividad para enamorar a quien vaya a escucharte.

Un buen comunicador confía en sí mismo e irradia confianza; que se te oiga.

Llega al juzgado con energía y saluda con claridad. No olvides tu mejor sonrisa.

Adopta una actitud de escucha. Salvo que hayas ganado un Premio Nobel, habla con humildad: «En mi opinión...» es una frase que te acerca al público y, si tu objetivo es persuadirlo, tienes que conectar con tu audiencia.

Emociona como si fueras la cabalgata de los Reyes Magos. Solo llegando al corazón de quien te escucha podrás convencerle.

La automotivación te proporcionará energía para llegar relajado, pero tan activo como si fueras a practicar tu deporte favorito.

Domina tus emociones y, justo antes de empezar tu discurso, alegato, informe o brindis, regálate unos segundos de pausa; mira al público para aumentar el impacto de tu primera frase y empieza.

5
Lenguaje corporal

El ser humano cuenta con un verdadero arsenal de comunicación y la palabra es solo una parte de ello. El lenguaje corporal comienza por tu propia imagen, continúa por el uso del escenario y termina con tus gestos faciales y el uso de tu cuerpo.

¿Te has fijado en las posiciones que adoptan los cantantes encima de un escenario? Están muy estudiadas y tienen que ver con el mensaje que quieren transmitir. Fíjate en cantantes diferentes. Te pongo tres ejemplos: Julio Iglesias, Rosalía y Shakira. Sus posturas en el escenario son completamente distintas.

Julio Iglesias viste casi siempre con traje, lleva el micrófono en la mano, cierra a menudo los ojos y la mano que no tiene el micrófono se mueve muy próxima a su cuerpo; es una posición que podríamos llamar de *inspiración*.

Rosalía usa una vestimenta original, suele afirmarse en el escenario con las piernas abiertas, usa el micrófono en una mano y a veces micrófono-diadema que le permita bailar y expresarse con ambas manos; es una posición de *poder*.

Shakira baila muy bien y sus posiciones tienen que ver mucho con el movimiento de sus caderas. Su vestimenta es brillante, muy conectada con la imagen de estrella. Usa micrófono en la mano, pero se libera de él siempre que puede para bailar con todo su cuerpo; es una posición de *seducción*.

Otros cantantes suelen actuar frente al micrófono estático en un atril. Su imagen es diferente. Si tienes ya una determinada edad, habrás visto actuar a Rocío Jurado. Si no, te invito a que busques algún vídeo de sus actuaciones. Se decía de ella que «llenaba el escenario» debido al magnetismo de su presencia. Daba igual que el micrófono estuviera en un atril o que lo llevara en la mano. Sus canciones suelen incluir muchas pausas, durante las cuales su lenguaje corporal era poderosísimo.

Muchos otros artistas llenan el escenario con igual fuerza; aprende de ellos.

El 26 de septiembre de 1960 supuso una fecha clave en lo que al lenguaje corporal se refiere. Ese día se celebraba el debate entre los candidatos a la presidencia de los Estados Unidos y, por primera vez en la historia, iba a ser televisado. Un 30 % de los hogares americanos disponían ya de un televisor; el resto siguieron el debate entre John Fitzgerald Kennedy y Richard Nixon a través de la radio, tal y como era costumbre.

Cuando terminó el debate, se realizaron las correspondientes encuestas, y el resultado llamó mucho la atención: para los radioyentes el ganador había sido Nixon, sin embargo, cuando les preguntaron a los televidentes, el ganador, por abrumadora mayoría, había sido Kennedy.

¿Qué había ocurrido?

Ese día, siguiendo los consejos de sus amigos del mundo del espectáculo, Kennedy tomó el sol en la terraza de su hotel, cuando llegó al plató dejó que lo maquillaran y eligió para ese debate un traje y una corbata negros y una camisa blanca; sabía que esos colores iban a contrastar muy bien en los televisores monocromáticos de la época.

Nixon, por su parte, no quiso maquillarse, eligió un traje en tonos verdes y la corbata era azul; todo se veía gris. Además, sudaba profusamente, pues no tuvo la previsión de elegir un traje ligero para evitar el calor de aquellos platós iluminados por focos que elevaban sustancialmente la temperatura.

Escanea el QR y observa lo que te comento.

Primer debate presidencial:
Kennedy vs. Nixon, 1960.

Verás que Kennedy ofreció una imagen muy cuidada: se sentaba erguido antes de dirigirse al atril desde el que realizaban sus intervenciones, sonreía y miraba a la cámara de vez en cuando. Su aspecto fue en todo momento el de alguien tranquilo.

Nixon aparecía encogido, con la cabeza entre los hombros y, como he dicho, sudando mucho, lo que quedó aún más en evidencia cuando usó un pañuelo para secarse el sudor.

A partir de entonces se empezó a debatir mucho sobre la importancia del lenguaje corporal. Albert Mehrabian desarrolló su teoría 55-38-7 para mostrar el impacto emocional del lenguaje corporal en la comunicación. Para Mehrabian, la emoción es transmitida por el lenguaje corporal en un 55 %, por la voz en un 38 % y solo el 7 % procede de lo que decimos.

Muchas teorías malinterpretaron el objetivo inicial de este estudio, que era medir el impacto en la emoción cuando hablamos; sin embargo, sí quedo claro que en la comunicación es muy importante lo que decimos y también cómo lo decimos. El porcentaje dependerá de cada situación.

Si estás presentando una tesis doctoral o estás en un juicio, lo que digas tiene mucha importancia, pero es cierto que la forma de expresarlo tanto con tu voz como con tus gestos puede reforzar el impacto o debilitarlo.

Lo más importante es que haya coherencia.

Para ello, cuando prepares tu discurso, deberás preparar también tu lenguaje corporal.

¿Has visto alguna charla TED?

Los profesionales que son invitados a ellas son magníficos oradores. Ofrecen una charla de 20 min sobre algún tema que dominan. Aun así, ensayan su charla un mínimo de ¡ochenta veces! No solo se aprenden bien el contenido, sino que incluyen en sus ensayos las pausas, el uso de la voz y los gestos que harán.

Vanessa van Edwards y su equipo de la Universidad de Oregón quisieron encontrar un patrón en el lenguaje no verbal de los oradores TED que explicara por qué algunos tenían un gran número de visitas en los vídeos de sus charlas frente a otros con un número de visitas mucho menor. Lo que averiguaron llama la atención: en los vídeos con menos visitas, los ponentes realizaban una media de 250 gestos con las manos a lo largo de los 18-20 min, lo que significa hacer más de 12 gestos por minuto. ¡Los oradores protagonistas de los vídeos más visitados llegaban hasta los 465 gestos con las manos en el mismo período de tiempo! Casi el doble (Edwards, 2024).

Otro estudio muy revelador lo desarrollaron Patryck y Kasia Wezowski, fundadores del Centro para el lenguaje corporal y autores del exitoso libro sobre microgestos para los negocios *The Micro Expressions Book for Business*. En dicho estudio, los autores se propusieron predecir quiénes serían los ganadores de un concurso de emprendedores fijándose tan solo en el lenguaje corporal de sus presentaciones. Acertaron los ganadores entre 2500 participantes.

Un par de años después quisieron dar un paso más y puntuaron a cada presentador en función de su lenguaje corporal positivo y de nuevo sus valoraciones más altas coincidieron con los ganadores del concurso.

Su conclusión es contundente y la puedes leer en el artículo que publicaron en *Harvard Business Review* en abril de 2017 (Wezowski, 2017).

Cuddy, psicóloga y profesora en varias universidades estadounidenses, incluyendo la Harvard Bussines School, afirma que le prestamos 12.5 veces más atención a los gestos que a las palabras y que nuestra posición al hablar puede determinar el grado de convencimiento para quienes nos escuchan.

El lenguaje corporal contribuye a mejorar nuestra comunicación y es reflejo de nuestras emociones: como orador refuerza tus palabras y como oyente te permite conocer lo que *dice* la audiencia.

1. El escenario

Tu lenguaje corporal comienza por convertirte en el centro del escenario, sea tu puesto en un juzgado, sea el escenario de un teatro; el primer paso en lo que a lenguaje corporal se refiere será convertirte en el centro de atención. Así es como se llena un escenario.

La llegada a nuestro escenario forma parte de la primera impresión que vamos a causar. ¿Lo recuerdas? Repasa el capítulo 4.

En un juzgado, nuestro escenario se limita a la mesa y la silla en la que nos sentamos y desde donde tomamos la palabra. Podemos usarlo a nuestro favor simplemente con nuestra posición erguida y colocando la silla en el centro del lugar asignado. Si dispones de una mesa para ti solo, coloca la silla frente al centro de la mesa. Si hay una sola mesa para varios, el lugar que ocupes puede ser muy importante.

En cierta ocasión, asistí a un juicio como testigo. Cuando me llamaron para entrar en la sala, vi cómo, junto a la fiscal, se sentaban tres abogados que ejercían la acusación particular en nombre de otros tantos perjudicados. Mientras que dos se sentaban en sillones similares al usado por la fiscal, el tercero lo hacía en una silla pequeña y más bajita. Ese simple hecho provocó que fuera el letrado al que menos atención se le prestaba.

Piensa ahora en una sala de juntas o en un aula. El orador no puede quedarse junto a la puerta encogido y pretender conectar con su audiencia desde allí.

Por mi trabajo, me reunía con frecuencia con los directores generales de las compañías miembros de la asociación. En esas reuniones, presentaba los datos del período correspondiente desde mi sitio en la mesa, un lugar que me permitía tener la pantalla detrás para que los asistentes pudieran concentrarse en la pantalla y en mí de forma conjunta.

En cierta ocasión una empresa fue invitada a realizar una propuesta ante todos. Su representante lo hizo de pie y dirigiéndose a todos los asistentes; las diapositivas simplemente apoyaban su discurso. Me fijé en el magnetismo que inspiraba; todos los allí reunidos lo miraban.

Fue entonces cuando decidí fijarme en su lenguaje corporal, su voz, etc., y comprendí que la comunicación debía integrar mucho más que solo los datos.

También una presentación a un comité exige cuidar el lenguaje corporal y la creación de un espacio desde el que ofrecer tu actuación. El mejor ejemplo de cómo llenar el escenario lo ofrecen los espectáculos de magia. Fíjate en el uso del escenario que hacen los magos: todo gira en torno a captar la atención, a veces para desviarla del truco.

La mera observación de distintos discursos nos permite entender el impacto que el uso del escenario tiene en su audiencia.

Veamos el caso del atril: su misión es sostener las notas del orador o, en ocasiones, un ordenador desde el que se maneja la presentación. Muchos oradores se agarran al atril con fuerza llegando a crispar sus manos alrededor del borde, una imagen que transmite inseguridad. Otros se apoyan en él casi recostándose; transmiten desgana.

Fíjate en el diferente uso del atril que hicieron Kennedy y Nixon en el debate de 1960 al que antes me referí: la mayor parte del tiempo, Kennedy se limitó a apoyar una de sus manos; Nixon, sin embargo, se aferró al atril con fuerza casi todo el tiempo.

Otra situación es la que llamo *profesor enrollado*. Me refiero al orador que por acercarse a su audiencia llega a sentarse en el borde de la mesa de algún alumno. De entrada, esa posición implica que esté girado respecto a los estudiantes; habla ofreciendo su perfil, lo que impide que parte de su audiencia vea sus ojos. Además, salvo que tengas un tipazo de modelo, esa postura muestra arrugas en la ropa, cuando no michelines, e incomoda a los alumnos que están más próximos. En general, los seres humanos ofrecemos nuestra mejor imagen de pie y de frente a nuestro interlocutor.

También te habrás encontrado con los *paseantes*. Se trata de oradores que se mueven no solo en el escenario, sino que se adentran entre las sillas para hablar desde toda la sala. En ocasiones puede ser un buen recurso, especialmente si no disponemos de un escenario y tenemos que hablar en un aula con poco espacio para movernos. Sin embargo, al hacerlo ofrecemos la espalda a algunos oyentes e incluso podemos crear problemas con el sonido, sea porque el micrófono se acople con los altavoces y produzca ese pitido tan incómodo, sea porque se pierda la conexión inalámbrica al alejarnos del receptor. Simplemente, tenlo en cuenta. Haz una prueba de sonido antes y ponte en la posición de los oyentes para comprobar cómo te van a percibir.

En otras situaciones, puede usarse como forma para captar la atención. Lo comprobé en un curso al que asistí en uno de los pabellones del recinto ferial de IFEMA: éramos más de 2500 alumnos y, aunque existía un escenario y pantallas gigantes que te permitían disponer de una imagen más cercana del orador, uno ofreció su charla mientras paseaba entre los diferentes asistentes. Percibí que eso reforzaba su conexión con la audiencia, ya que acercaba su imagen real a casi todos los presentes.

El escenario formará parte de tu discurso y de tu lenguaje corporal. Dominarlo supone hacerlo tuyo y usarlo a tu favor. Como ya te dije, siempre que tengo que dar una charla o un taller de formación, solicito conocer el espacio en el que se va a celebrar con antelación. Si es posible, pido eliminar algún obstáculo o modificar el espacio para crear el escenario que más me convenga.

Conocer el escenario con anterioridad ayuda a controlar los nervios y forma parte de la puesta en escena del MAPA del que te hablé en el capítulo 1.

Mis alumnos de la U-tad, ICADE, la Universidad Rey Juan Carlos u otros organismos en los que imparto clases regularmente saben que ofrezco mis clases de pie. Nunca uso la mesa y la silla dispuestas para el profesor y, hasta el momento, me ha dado muy buenos resultados. Incluso los seminarios que ofrezco *online* los realizo de pie creando una suerte de escenario frente a la cámara. Hablaremos de ello en un capítulo específico.

Moverse en el escenario es todo un arte y, bien realizado, reforzará nuestra comunicación. ¿Cómo? Voy a describirlo como si lo hiciéramos desde un escenario en un salón de actos. Desde ahí, lo puedes aplicar a distintos espacios.

No se trata de pasear sin más. Nuestros movimientos deben ser intencionados: imagina que vas a expresar tres ideas y lo anuncias desde el centro del escenario; a continuación, te diriges hacia la derecha (la izquierda de los espectadores) y cuentas la primera idea; finalizada, te diriges hacia el centro y relatas la segunda idea, y terminas y detallas la tercera acudiendo a la zona izquierda del escenario.

Tu movimiento, de izquierda a derecha para la audiencia, que es la forma natural de leer, habrá dibujado tres escenas distintas y habrá contribuido a que recuerde mejor tus tres ideas.

Si el escenario es muy limitado, puedes hacerlo girándote hacia un lado y hacia otro. En estos casos, evita el llamado *baile del oso*, que es pasar el peso de una pierna a otra acompasadamente. Este movimiento influye directamente en tu voz haciéndola monótona y, por tanto, aburrida.

Un consejo muy importante: grábate. Graba tus exposiciones y mírate después. Te ayudará a entender lo que transmites y cómo lo transmites.

Los mejores oradores
parecen flotar sobre el escenario.

2. Gestos y microgestos

Son las expresiones faciales. El estudio del lenguaje corporal de las personas es una herramienta fundamental para los investigadores de cualquier cuerpo policial. Decimos mucho más con nuestras expresiones faciales de lo que parece. Es tal la fuerza de nuestros gestos que los jugadores de cartas deben realizar un esfuerzo notable para que sus caras no revelen ninguna emoción, creando así la llamada *cara de póker*. De hecho, la palabra inglesa *tell* (decir) procede de este juego y se refiere al microgesto involuntario que haya podido transmitir una idea de las cartas que el jugador llevaba.

Existe toda una ciencia para estudiar el significado de los gestos: la sinergología. Es probable que hayas visto a algún experto analizando el lenguaje corporal de los políticos tras un debate. Aparecen en medios de comunicación intentando descifrar lo que un político ha querido decir a partir de los gestos con las manos, las expresiones faciales, etc. Una de sus primeras afirmaciones es que no podemos fijarnos en un solo gesto y que hay que estudiar el conjunto.

Es muy acertado.

Existe el trazo grueso, el gesto que evidencia una emoción, como puede ser la cara de asco. El lenguaje de la seducción o el de la amenaza son también muy obvios.

Otros gestos, sin embargo, son más sutiles: rascarse la comisura de los labios o la ceja, taparse parcialmente la cara o cruzarse de brazos. De todos pueden deducirse significados siempre y cuando encajen en el conjunto del lenguaje corporal. En principio, los brazos cruzados delante del pecho indican barrera; representan una posición cerrada que generaría desconexión. Taparse parcialmente la boca podría interpretarse como inseguridad o que se está mintiendo.

Existe, como digo, toda una ciencia alrededor que me llama mucho la atención.

Recuerdo la descripción realizada por un experto del FBI sobre el lenguaje corporal de Ted Bundy, un asesino en serie que fue condenado a muerte en los Estados Unidos y entrevistado poco antes de morir. De la entrevista se han extraído muchas descripciones sobre su lenguaje corporal y cómo evidenciaba su carácter psicópata.

Los microgestos son expresiones faciales, algunas de las cuales están directamente relacionadas con las emociones básicas:

- La ira, la ansiedad, el asco, la felicidad, la tristeza, el miedo y la sorpresa son emociones que se reflejan con mucha claridad en nuestro rostro.
- La ira se expresa frunciendo las cejas abriendo la boca para mostrar los dientes.
- La ansiedad nos lleva a bajar los extremos de nuestras cejas y a taparnos la boca con ambas manos como si nos estuviéramos comiendo las uñas.
- El asco se expresa sacando la lengua hacia afuera y tensando nuestro cuello con el fin de cerrar nuestro esófago.
- La felicidad se muestra con una sonrisa y muchas veces inclinando la cabeza hacia un lado.
- Mostramos tristeza con los ojos y las cejas caídos y normalmente con un cierto puchero o con la boca hacia abajo.
- El miedo se ve en las cejas enarcadas para abrir más los ojos, con ambas manos a los lados de la cabeza y entreabriendo ligeramente la boca.
- La sorpresa sería muy parecida al gesto del miedo enarcando las cejas, abriendo mucho los ojos y la boca y colocando las manos a los lados de la cara.

Son gestos automáticos.

Pensemos en el miedo: vamos paseando por el bosque y de repente vemos una serpiente. Nuestro gesto responde a la necesidad: levantamos las cejas para abrir bien los ojos y poder identificar el peligro; ambas manos a los lados de la cabeza se preparan para protegernos o para golpear, y la boca un poco entreabierta está lista para satisfacer un mayor aporte de oxígeno, sea para enfrentarnos al bicho o para salir corriendo.

Todos estos gestos podemos usarlos voluntariamente para reforzar nuestras palabras o para crear la atmósfera que necesitamos mientras hablamos.

> Uno de los gestos más importantes del orador es la sonrisa, que predispone a la audiencia a conectar.

No olvides la sonrisa y el contacto visual. Son gestos esenciales para cualquier orador. Si no miras a los ojos, podría parecer que quieres ocultar algo. Ahora bien, un excesivo contacto visual puede resultar incómodo.

Recuerda que, en el caso de un solo interlocutor, como puede ser el juez, debes mover tu mirada. Si, además, miras de vez en cuando a la otra parte, al secretario o al fiscal, la mirada se va repartiendo.

Mantener la vista levantada te dará credibilidad y no molestarás.

De vez en cuando, podrás consultar tus notas.

Cuando tengas una audiencia integrada por varias personas, tendrás que mover tu mirada de unos a otros; los expertos consideran que nuestra mirada no debería permanecer más de 4 s fija en los ojos de otra persona.

Desde un escenario, podría resultarte difícil ver a las personas si la zona de butacas está a oscuras y tienes focos de luz frente a ti; simplemente imagínalos y mira hacia donde deben estar. Aunque tú no los veas, ellos a ti sí.

El contacto visual debe resultar lo más natural posible. En ocasiones nos puede ayudar a reforzar una idea: si hablamos de un argumento expuesto por el fiscal, podemos mirarlo en ese momento, y lo mismo haremos si hablamos de nuestro cliente y está en la sala.

Vigilaremos especialmente el contacto visual cuando realicemos una presentación con apoyo de diapositivas. He visto a algunos presentadores olvidar a su audiencia mientras se fijan en sus diapositivas para leer o describir lo que en ellas se ofrece. En el capítulo que dedico al apoyo visual lo describo con detalle. Las presentaciones deben realizarse enfocados en el público; volver la mirada un momento hacia el detalle de una diapositiva puede estar bien, pero realizar la presentación enfocados en ellas nos desconectará de nuestro público.

3. Gestos con el cuerpo

Está en la naturaleza: el cuerpo de los seres vivos habla. ¿Qué hacen el pez globo al sentirse amenazado o el pulpo para camuflarse?

Usamos nuestro cuerpo. El ser humano transmite muchos mensajes con su cuerpo.

Imagina que estoy en la Gran Vía madrileña y, de repente, me paro y empiezo a mirar hacia un tejado. No transcurriría mucho tiempo sin que a mi alrededor se formara un grupo de curiosos mirando en la misma dirección. Alguno, incluso, podría preguntar si es que se va a tirar a alguien.

Solo con un gesto de mi cuerpo habría transmitido un mensaje de ansiedad.

Empieza por encontrarte cómodo. Para ello, lo ideal es tener ambos pies firmes en el suelo y el cuerpo equilibrado. Evita posiciones descansando una pierna y apoyado solo en la otra. Tus hombros hacia atrás y el peso equilibrado en ambas piernas transmiten una imagen de confianza. Posiciónate escuchando, conectado con tu audiencia.

En el juzgado, siéntate erguido y ligeramente ladeado hacia el juez. Te puede ayudar que dirijas el pie más próximo hacia el lugar donde se encuentra.

Vuelve a imaginar la situación en un escenario y traslada después las explicaciones que te voy a dar a las diferentes situaciones.

Partimos de la posición base: en el centro del escenario estás de pie en equilibrio, y te sugiero que levantes las manos como si te estuvieran atracando. ¡No lo hagas delante de tu audiencia! Hazlo ahora, mientras lees estas líneas; si es posible, delante de un espejo. Ponte de pie, levanta los brazos y cierra los ojos. Mantén los ojos cerrados contando hasta 4 y deja caer los brazos a ambos lados del cuerpo sin abrir los ojos. Haz una cuenta breve de 2 y abre los ojos. Mira tu imagen en el espejo.

Lo normal es que tu barbilla esté paralela al suelo. Esta es la posición base; es una posición en la que respiramos bien, el contacto visual es natural y desde la misma podemos movernos sin problemas.

La mayor parte de nuestros movimientos los vamos a hacer con nuestras manos; sí, con esa parte de nuestro cuerpo con la que no sabes qué hacer cuando hablas en público. Coloca tus brazos formando un ángulo recto con el brazo y el antebrazo, muestra las palmas de las manos hacia el frente y llévalas un poco hacia adelante, como si fueras a coger una pelota muy grande. Pon los codos algo separados del cuerpo evitando la postura tiranosaurio rex. Desde esta posición puedes hacer diversos tipos de gestos:

- **Descriptivos.** Son gestos que contribuyen a aclarar afirmaciones, como número o tamaño. Podrías indicar tres con una de tus manos llevándola hacia el frente. A mí me gusta hacerlo con los dedos índice, corazón y anular mostrando la palma de la mano en lugar del dorso, pero lo importante es que te salga con naturalidad y cumpla la función de aclarar el número. Si quisieras decir, por ejemplo, que algo es muy grande, podrías dibujar con ambas manos una circunferencia grande colocándolas por encima de tu cabeza y describiendo el círculo alejando tus manos del cuerpo.
- **Enfáticos.** Son gestos que refuerzan un concepto. Si dices: «Vamos a estar más unidos que nunca», puedes subrayar el concepto uniendo ambas manos. Si quieres expresar fuerza, puedes hacerlo colocando tu antebrazo con el puño por delante del brazo.
- **Sugestivos.** Son gestos que simbolizan ideas o emociones. Si me encojo de hombros, estoy sugiriendo que no conozco algo o que no me importa.
- **Incitadores.** Son gestos que buscan provocar una respuesta por parte del público: «Levantad la mano los que...». Acompañas esta frase levantando tú mismo el brazo. Probablemente no es el gesto que yo haría ante un juez, pero son gestos muy útiles para conectar con la audiencia mientras ofreces una conferencia.

De izquierda a derecha: (1) posición de base, (2) gesto descriptivo indicando algo grande y (3) gesto enfático indicando unión, refuerza la frase «estamos más unidos».

Fíjate en las imágenes y practica los gestos. Es importante no perder la naturalidad. Hay personas que gesticulan mucho y otras no tanto; adapta los gestos a tu propia personalidad.

Evita hacerlos de forma exagerada o muy rápida, pues podrían parecer aspavientos más que gestos definidos que intentan transmitir algo.

Los gestos forzados o artificiales quedan tan mal como cuando ves a alguien intentar un baile siguiendo pasos recién aprendidos a través de un tutorial.

Hablando de baile, este puede ayudarte a descubrir tus propios gestos naturales.

Te sugiero el siguiente ejercicio: ponte la música de la canción *Happy*, de Pharrell Williams. Te propongo esta porque su ritmo es de los que invita a bailar inmediatamente, pero, si tienes otra favorita que te lleva a bailar cada vez que la escuchas, usa la tuya.

Empieza a bailar.

Tras un rato bailando, deja quietas tus piernas y sigue bailando solo con tus brazos. Comprobarás que siguen el ritmo de la canción.

Pues ese es el movimiento de tus manos en el escenario: deben moverse al ritmo de tus frases y con la naturalidad con la que se mueven mientras bailas.

Tus brazos no se quedarán fijos en la posición base. Levantarás las manos o las bajarás, pero ten en cuenta que sus posiciones también pueden indicar algo:

- **Manos por encima de los hombros.** Muestran exaltación, altura o inspiración. Recuerda dónde colocas las manos cuando animas a tu equipo. Fíjate en la posición del gesto descriptivo indicando algo grande.
- **Manos a la altura de los hombros.** Transmiten tranquilidad o serenidad. Mírate al espejo y di: «Tranquilos, no pasa nada», y hazlo acompañando la frase con un gesto de tus manos. Lo normal es que estén a la altura de tus hombros.
- **Manos por debajo de los hombros.** Emiten un mensaje de rechazo, apatía o condena. Mírate al espejo de nuevo y di: «Hasta aquí hemos llegado», y hazlo acompañando la frase con un gesto de tus manos. Lo normal es que estén por debajo de los hombros, las palmas hacia abajo y moviéndose desde el centro de tu cuerpo hacia los lados.

Ya tienes varios gestos que puedes hacer: números y gestos de rechazo. Fíjate en cómo te salen los siguientes:

- **Gesto de recibir.** Con la palma hacia arriba, realizas el movimiento al revés, como recibiendo algo.
- **Gesto de cortar.** Con la mano cerrada, como si fueras a dar un golpe de kárate hacia abajo y moviéndote hacia la derecha: «De ahora en adelante...».
- **Palmas hacia arriba.** Es un gesto que refleja honestidad. Barak Obama lo realiza con frecuencia y con él transmite cercanía y acogida.

De izquierda a derecha: (1) gesto de rechazo con las manos hacia abajo, por debajo de los hombros y moviéndose desde el centro del cuerpo hacia los lados indican rechazo y (2) gesto de dar, con la palma hacia abajo, diriges la mano hacia el frente como entregando algo

Ensaya tus propios gestos. Te propongo que te grabes con el móvil y lo analices.

Fíjate en los políticos. Realizan muchos gestos con las manos, a menudo muy estudiados: muchos muestran las manos paralelas enfrentadas una a la otra. Puedes hacer este movimiento con los dedos cerrados para transmitir seguridad o con los dedos de ambas manos abiertos para transmitir flexibilidad. Para facilitarlo puedes imaginar que sostienes una pelota grande delante de ti.

Cuando veas que aún no dominas los nervios y tiendas a juntar las manos (a menudo para frotarlas), adopta con ellas la posición de un triángulo juntando los dedos. Funciona muy bien. Si te cuesta hacerla, prueba a hacer un triángulo invertido; a mí me gusta menos, pero lo importante es que te muestres relajado, así que, si así te encuentras cómodo, hazlo en forma de triángulo invertido.

En general, deben transmitir confianza y seguridad y conectar. Para ello, procura que tu postura sea abierta. Cuida no exagerar los gestos: los aspavientos o gestos muy amplios transmiten desconfianza.

No dejes de tener en cuenta las particularidades de los gestos en algunos lugares. Si has visitado algún país hispanoamericano, habrás aprendido que en algunos la palabra *coger* tiene un significado muy diferente al que tiene en España; lo mismo ocurre con los gestos. El gesto con el que indicamos OK uniendo pulgar e índice en una O y el resto de los dedos extendidos es un insulto en lugares como Brasil o Paraguay, mientras que la mano al frente indicando parar es un gesto poco amistoso en Grecia. Cada cultura determina el significado de sus gestos. Simplemente tenlo en cuenta si vas a dar una charla o a asistir a un juicio en el extranjero.

Gestos que debes evitar

- Todos aquellos que se convierten en tics, como acomodarse continuamente el pelo o, si estamos sentados, mover continuamente una pierna.
- Los que transmiten inseguridad, como frotarse las manos.
- Los que desvían la atención de la audiencia respecto a lo que estás diciendo, como rascarse o tocarse la cabeza o la barba.
- Posiciones que transmiten prepotencia, como los brazos en jarras.
- Gestos agresivos o barrera, como señalar con el dedo índice, exhibir el puño o cruzar los brazos delante del pecho.
- Anular las manos metiéndolas en los bolsillos o sosteniéndolas detrás de la espalda.

En general, hay que evitar todos los gestos que tensen nuestra postura, distraigan a la audiencia o influyan negativamente en nuestra voz.

El ritmo de los movimientos debe ser tranquilo y estar acompasado con los movimientos que hagamos en el escenario.

El lenguaje corporal del orador debe reforzar sus frases y ser coherente con su significado. Los gestos abiertos, acogiendo a nuestra audiencia, nos conectan con ella.

Otros gestos de enorme importancia son los realizados por el público.

Recuerda que la principal misión es conectar con la audiencia y mantener esa conexión. Se trata de establecer una autopista de doble dirección en la que los gestos del orador llegan al público y los de la audiencia vuelven al emisor.

Estar pendientes de los receptores de nuestro mensaje nos permite conocer cómo están recibiéndolo, si se aburren o si dejan de prestar atención.

Un miembro del público dando cabezadas o durmiendo directamente puede ser una señal de alarma, pero ¡tranquilo!, si de una audiencia de decenas de personas se duerme una, puede que sea porque haya pasado mala noche. Nos fijaremos en el resto y, si están atentos, no debemos preocuparnos; si, por el contrario, hay más de uno durmiéndose o con cara de aburrido, hay que hacer algo.

Podemos lanzar una pregunta retórica, recurrir al humor contando una anécdota o, simplemente, elevar el volumen de nuestra voz para reconectar con todos los asistentes.

En un juicio, es posible que el juez se distraiga. En este caso, a mí me ha ido muy bien hacer una pausa larga; el silencio provoca que el juez se gire y, si es muy evidente, que te anime a continuar.

Es importante que el público disfrute de tu charla. Si no es así, hay que cambiar la dinámica.

Recuerda que un discurso o alegato es como vender:

- El primer paso es conectar con el cliente, en nuestro caso, la audiencia; hay que llegar a su corazón.
- El segundo paso consiste en explorar espacios comunes: ¿qué compartimos? Esta es la razón por la que resulta tan importante conocer a tu audiencia y preparar el discurso pensando en ella.

En un juicio, esa conexión viene dada por el reparto de papeles en una misma causa.

- El tercer paso es convencer. Lo conseguimos cuando nuestros argumentos son sólidos, cuando nuestra búsqueda de datos ha sido completa, cuando provocamos un cambio.
- El último paso de toda venta es crear un vínculo. Un final apoteósico de nuestro discurso genera la admiración necesaria para que no solo lo que hemos contado sino nosotros mismos seamos memorables.

Quiero terminar este capítulo invitándote a realizar una comprobación: busca el vídeo de la actuación de Susan Boyle en el concurso Britain's Got Talent de 2009. Lo puedes ver escaneando el siguiente QR. Recordarás que era una mujer con aspecto algo estrafalario que acabó ganando el concurso. Si no la recuerdas, antes de seguir leyendo, mira el vídeo.

Primera actuación de Susan Boyle
en Britain's Got Talent, 2009

¿Te emocionó? ¿Por qué?

Cuando lanzo estas preguntas en alguno de mis cursos, la mayoría responden afirmativamente y porque resultó algo inesperado; su aspecto no les hacía prever que cantara muy bien.

Es cierto que canta bien, pero también otros muchos concursantes cantaban bien y no emocionaron como lo hizo Boyle. Yo creo que gran parte de la emoción vino determinada por cómo conectó con el público y con el jurado.

Fíjate ahora en el vídeo de nuevo: Boyle entra en el escenario con paso firme y decidido; se coloca en el centro y sonríe. Mira al jurado y al público asegurando el contacto visual; sus respuestas muestran asertividad y empatía. Cuando va a empezar a cantar, sonríe de nuevo. Mientras que con una mano sostiene el micrófono, con la otra acompaña su canto con las manos, reforzando con ellas lo que la canción expresa. Mira hacia un lado y hacia otro del público, y también al jurado.

Transmite seguridad y conecta.

Es un puro ejercicio de oratoria: ocupa el centro del escenario, sonríe, hace contacto visual, mueve sus manos...

Y, además, canta bien. Emocionó.

4. Conclusión

El dominio del lenguaje corporal mejora mucho nuestra comunicación y nos impulsa hacia el liderazgo.

Se percibe desde el momento del saludo. Recuerdo que en una entrevista que el presentador Pablo Motos realizaba a Jamie Lee Curtis le preguntó sobre su forma muy enérgica de saludar. La actriz explicó que se enseñaba en las escuelas de arte para afirmar la personalidad y transmitir conexión con la persona a la que se saluda.

Vi lo mismo en la forma de saludar de la reina Letizia de España: lo hace sonriendo y mirando a los ojos mientras aprieta con firmeza la mano.

La mayoría de los líderes o personas destacadas que he tenido ocasión de conocer saludan transmitiendo esa energía.

Lo que decimos es importante; cómo lo decimos, también.

La preparación del informe que realizarás ante el juez, de un discurso o de una conferencia debe incluir lo que harás con tu cuerpo: cómo te moverás por el escenario o cómo te sentarás, en caso de que vayas a hablar desde esta posición, y cómo mover las manos sin resultar aspaventoso.

Todo se adquiere con la práctica.

6
La voz

La voz no es solo el vehículo de nuestro mensaje. Permite trasladar matices, les da vida a las palabras. ¿Has escuchado alguna vez a un cuentacuentos? Son muy populares en la cultura anglosajona. Me encanta escucharlos. Si te fijas bien, te darás cuenta de que con su voz dibujan las historias: aceleran o reducen el ritmo, suben o bajan el volumen, cambian los tonos. Con gran sutileza nos llevan a lo largo de la historia y lo hacen con el dominio de su voz.

Tú también puedes hacerlo.

Para empezar, te pregunto: ¿calientas la voz antes de un juicio o de dar una conferencia? La mayoría de las veces me responden que no, y eso explica muchas situaciones.

Imagina a un profesor que pasa varias horas al día hablando a sus alumnos. Si no calienta la voz, acabará lesionándose las cuerdas vocales o la garganta.

La voz debe servir al propósito de comunicar de forma eficiente, que podamos hablar durante el rato que necesitemos con el menor esfuerzo posible. También debe ser:

- **Clara.** Que se entienda lo que dices.
- **Enérgica.** Que se oiga; ponle patas a tus palabras para que lleguen hasta el último rincón de la sala.
- **Expresiva.** Que transmita emociones.

La voz se produce mediante el conjunto de tres funciones del cuerpo humano: aparato respiratorio, que produce el aire necesario; aparato fonador (cuerdas vocales), y aparato resonador (garganta, nariz y boca).

Es fundamental cuidar de los tres aparatos que contribuyen a generar nuestra voz.

De igual forma que calientas tus músculos antes de hacer deporte, debes calentar la garganta; masajear tu garganta liberándola de la tensión ayudará a que tus cuerdas vocales vibren con facilidad.

Hidrátate; los nervios por tener que hablar en público secan la garganta; no dudes en tener siempre a mano agua para hidratarte. No demasiado fría.

La voz es una herramienta poderosa del buen orador. La persuasión necesita una voz clara, enérgica y expresiva.

1. Cualidades de la voz

La voz tiene cuatro cualidades:

- **Intensidad.** Es el volumen de la voz. Depende directamente del aire que somos capaces de impulsar desde nuestro diafragma; una intensidad alta refleja mayor convicción. El volumen se mide en decibelios; si tuviéramos una escala en la que midiéramos del 1 a 10 la intensidad de la voz, esta debe estar en torno a 6. Lógicamente, si usamos un micrófono, el volumen vendrá proporcionado por el amplificador correspondiente, y debemos hablar con un volumen ligeramente por encima del habitual en una conversación entre dos personas, que sería un 4 manteniendo la misma escala anterior. En un juzgado, el volumen debe estar algo por debajo del usado para una conferencia, un 5. El volumen proporciona melodía a nuestras frases.
- **Tono.** Depende directamente del grosor y de la longitud de nuestras cuerdas vocales. No hay mucho que podamos hacer para

cambiar nuestro tono de voz con naturalidad. Aun así, podemos introducir algunas variaciones. Los tonos graves resultan más creíbles. De hecho, Margaret Thatcher, primera ministra británica en la década de 1980, se hizo tratar la voz por un foniatra con el fin de que resultara más grave. Todos somos capaces de encontrar nuestra voz más grave dentro de la naturalidad. El tono se mide en hercios. Si estableciéramos una escala en la que el tono más grave (1) fuera la voz de Darth Vader de Constantino Romero —«Yo soy tu padre...», ¿Recuerdas?— y el más agudo (10) la voz de Mickey Mouse o de Gracita Morales —«¡Señorito!»—, un tono en torno a 3 o 4 es el más adecuado. Sin embargo, no exageres. Un tono grave impostado resta naturalidad a tu discurso y puede resultar cómico.

- **Timbre.** Es el espectro de cada voz. Resulta único para cada persona, pues refleja acentos, sonidos de la familia e idioma. Es casi como una huella dactilar. Los timbres son muy variados. Para empezar, hay timbres abiertos (acento caribeño) o cerrados (idioma portugués). Si has escuchado alguna vez a un brasileño hablar en portugués, probablemente le habrás entendido mejor que a un portugués hablando en su propio idioma. Se debe a que el timbre en Brasil es más abierto; en general, los timbres abiertos se entienden mejor. El timbre depende del aparato resonador: la boca, el paladar y la faringe. El dominio del tono y del timbre proporciona vida a las frases. Sus variaciones son muy perceptibles por quien escucha y permiten trasladar emociones y matices. Los timbres también pueden ser más nasales o guturales; se conforman con los acentos y con los sonidos a los que nos acostumbramos desde niños.
- **Ritmo.** Es la velocidad con la que hablamos. Permite dominar los escenarios y lo que queremos transmitir. En todo caso, hay un ritmo adecuado para que nos puedan entender fácilmente. Está entre 120 y 160 palabras por minuto. Para medir la velocidad con la que hablas, lee un texto integrado por quinientas palabras; si lo haces en menos de 3 min, estás ametrallando las palabras y muchos miembros de tu público se están perdiendo contenido. Si, por el contrario, tardas más de 4 min en leerlo, estás aburriendo a las ovejas. Todo ello es compatible con utilizar el ritmo para crear determinados efectos: si

ralentizamos las palabras, estaremos generando atmósferas de misterio o suspense; si hablamos muy rápido, podemos trasladar alegría.

El dominio de estas cuatro cualidades dotará de color tus discursos y serás mucho más ameno. Nada hay más aburrido que un discurso monocorde sin variación alguna en cuanto a volumen, tono, timbre o velocidad.

2. Mejorar y calentar la voz

Debo confesar que yo tampoco calentaba la voz.

Parte de mi trabajo para la industria del cine incluía dar formaciones y conferencias sobre las materias en las que me especialicé. Preparaba estos eventos con mucho cuidado: si iba a hacer uso de presentaciones con diapositivas, llevaba los materiales por duplicado a fin de evitar quedarme sin ellos si algo fallaba; preparaba un plan B; acudía con suficiente antelación para familiarizarme con el entorno, y preparaba las charlas a conciencia. Sin embargo, no hacía nada respecto a mi voz; nunca me falló, pero nunca pude explotar su potencial al máximo.

Desde que descubrí los muchos beneficios que aporta a mis discursos, no he dejado de calentarla. Me siento mucho más seguro y conecto mejor con la audiencia.

Certificarme como locutor de audiolibros me lo confirmó:

- **Respiración.** La respiración diafragmática me permite adaptar el volumen a la frase sin quedarme sin aire a la mitad. Para ampliarla comienzo con respiraciones profundas consistentes en inspirar durante 4 s, aguantar el aire durante otros 4 s y exhalarlo durante otros 4. Repito el ejercicio un par de veces. Uno de sus efectos inmediatos es su ayuda para relajarme. A continuación, caliento el diafragma. Hay varios ejercicios para hacerlo: jadear como un perro, llenar de aire los pulmones y expulsarlo como una serpiente a través de los dientes (lo hago exhalando de forma seguida hasta quedarme sin aire o como si fuera una serpiente tartamuda a base de soplidos) o exhalar el aire con la boca abierta como si pronunciara una O.

- **Vocalización.** Después, masajeo mi boca y mi garganta; realizo ejercicios con los labios pronunciando vocales con la *F* (*FLA*, *FLE*, *FLI*, *FLO*, *FLU*), con la *P* y con la *M*. Realizo después ejercicios con la lengua: limpio mis dientes con ella y la boca cerrada y pronuncio el sonido *RRRR*. También caliento el paladar y la faringe con sonidos como *JA*, *JE*, *JI*, *JO*, *JU*, *NA*, *NE*, *NI*, *NO*, *NU*. Puedes probar a leer un texto sosteniendo un bolígrafo con las comisuras de la boca: verás que tienes que hacer un mayor esfuerzo para vocalizar. También ayuda leer unos cuantos trabalenguas. Son como los ejercicios antes de salir a hacer ejercicio: calientas los músculos, te relajas y te activas para dar el máximo.

Si estás activado, tu pronunciación será mejor, te entenderán mejor y tendrás más posibilidades de convencer.

Piensa en el conjunto de un discurso que te haya gustado mucho. Seguro que el orador introdujo variaciones en el mismo usando su voz.

Es lo que se conoce como musicalidad: la musicalidad de una charla ayuda a que resulte más atractiva. ¿Has escuchado alguna obra de teatro en verso? Resultan divertidas y muy fáciles de seguir precisamente por esa musicalidad.

Puedes reforzar determinadas palabras para darle a la frase el sentido que quieres. Esto llamará la atención del juez o de quien te escuche.

Fíjate en cómo cambia el sentido de las siguientes frases en función de la palabra que reforzamos:

- «**Yo** nací en esta ciudad»: al reforzar el yo, estoy diferenciándome de ti o de todos aquellos que no nacieron aquí.
- «Yo **nací** en esta ciudad»: refuerzo «nací» para mostrar mi pertenencia al lugar, que soy 100 % del mismo.
- «Yo nací **en** esta ciudad»: especifico que no nací en otro lugar, que fue aquí.
- «Yo nací en **esta** ciudad»: parecido al significado anterior; no permito que pongas en duda que nací en esta ciudad.
- «Yo nací en esta **ciudad**»: al recalcar «ciudad» destaco el hecho de ser procedente de una ciudad y no de un pueblo pequeño.

Evalúa tu voz

¿Es lineal o monocorde?
¿Ametrallas las palabras o aburres de lo lento que vas?
¿Se entiende lo que dices o vocalizas como si estuvieras chupando un caramelo?
¿Te agotas tras un largo discurso?
¿Tu voz es ronca o apagada?
¿Necesitas aclarar la garganta constantemente?

3. Entrena tu voz

Al igual que un deportista tiene en forma los músculos que más usa para su disciplina, quienes usan la voz como herramienta para su trabajo (abogados, profesores y entrenadores) deben tener sus aparatos fonador, resonador y respiratorio en forma.

Ejercicios de respiración

Hay una serie de ejercicios que pueden ayudarte a lograr esa forma. Algunos tienen que ver con los descritos para calentar la voz.

- **Ejercicios para aumentar la capacidad pulmonar.** Cuando a un orador se le acaba el aire con frecuencia, introduce en su discurso una distracción. Una buena capacidad pulmonar nos permite hablar sin que se note cuándo respiramos. Para ello, vacía por completo tus pulmones y haz una inhalación profunda, aunque sin llegar al límite, y mantén la relajación; aguanta el aire unos 15 o 20 segundos y expúlsalo tranquilo. El objetivo no es aguantar al máximo, y debes evitar la explosión de aire típica de cuando has aguantado la respiración al máximo. Puedes realizar este ejercicio dos o tres veces al día e ir aumentando el tiempo semana a semana. Llegará un momento en el que te darás cuenta de que puedes aguantar 1 min sin forzar nada.

- **Ejercicios para fortalecer el diafragma.** La respiración diafragmática permite llenar nuestros pulmones al máximo. ¡No te apure inflar la tripa! Colócate de pie bien erguido y coloca tu mano sobre el diafragma (está entre el ombligo y la punta más baja del esternón). Jadea como lo hacen los perros; ahora tienes localizado el diafragma. Para fortalecerlo haz cinco inhalaciones cortas para llenar tus pulmones y cinco exhalaciones cortas para vaciarlos. Hazlo respirando por la boca y respirando por la nariz. Otro buen ejercicio es tumbarte boca arriba y colocar varios libros sobre tu tripa; respira pausadamente fijándote en cómo actúa tu diafragma.

Cuando tengas cierto control sobre los ejercicios anteriores, prueba a inspirar al máximo estando de pie y dóblate como si fueras a tocarte los pies mientras exhalas el aire; verás que sale de forma natural. Repite el ejercicio varias veces.

Aparatos fonador y resonador

Inspira llenado tus pulmones y exhala el aire muy despacio haciendo vibrar muy levemente tus cuerdas vocales; lo lograrás emitiendo un ligero sonido *oh*.

Leer en voz alta ayuda mucho a controlar tu voz. Dedícale 5 min diarios y grábate. Examina la grabación después y confirma que pronuncias todas las sílabas. En español, tendemos a comernos la última con mucha facilidad o a abreviarla terminando, por ejemplo, en *-ao* (se me ha olvid*ao*) en lugar de pronunciar la palabra correctamente (*olvidado*).

Al leer en alto descubrirás que es más fácil equivocarse tanto en la pronunciación como en la entonación.

Busca darle sentido a las frases que leas, que no se noten leídas, que sea como si lo contaras en una conversación. Combina oraciones cortas y largas. Lee estas con una sola inspiración, controlando el aire que exhalas a medida que lees. Intenta que la respiración sea natural y no forzada.

Cuando hayas entrenado algo, prueba a leer estos párrafos de la novela *El perfume*, de Patrick Süskind (Süskind, 1987):

> «En la época que nos ocupa reinaba en las ciudades un hedor apenas concebible para el hombre moderno. Las calles apestaban a estiércol, los patios interiores apestaban a orina, los huecos de las escaleras apestaban a madera podrida y excrementos de rata, las cocinas, a col podrida y grasa de carnero; los aposentos sin ventilación apestaban a polvo enmohecido; los dormitorios, a sábanas grasientas, a edredones húmedos y al penetrante olor dulzón de los orinales».

Si no haces pausas muy marcadas al terminar cada frase, te costará darle sentido. Fíjate en cómo la última frase cambia si aceleras su lectura: «los dormitorios, a sábanas grasientas, a edredones húmedos (acelera a partir de aquí) y al penetrante olor dulzón de los orinales».

La lectura de la siguiente frase es todo un reto para la respiración:

> «El oficial de policía competente, un tal La Fosse, se cansó pronto del asunto y decidió enviar al niño a la central de expósitos y huérfanos de la lejana Rue Saint-Antoine, desde donde el transporte era efectuado por mozos mediante canastas de rafia en las que por motivos racionales hacinaban hasta cuatro lactantes, y como la tasa de mortalidad en el camino era extraordinariamente elevada, por lo que se ordenó a los mozos que solo se llevaran a los lactantes bautizados y entre estos, únicamente a aquellos provistos del correspondiente permiso de transporte que debía estampillarse en Ruán, y como el niño Grenouille no estaba bautizado ni poseía tampoco un nombre que pudiera escribirse en la autorización, y como, por añadidura, no era competencia de la Policía poner en las puertas de la inclusa a una criatura anónima sin el cumplimiento de las debidas formalidades.... por una serie de dificultades de índole burocrático y administrativo que parecían concurrir en el caso de aquel niño determinado y porque, por otra parte, el tiempo apremiaba, el oficial de Policía La Fosse se retractó de su decisión inicial y ordenó entregar al niño a una institución religiosa, previa exigencia de un recibo, para que allí lo bautizaran y decidieran sobre su destino ulterior».

Habrás comprobado que este segundo párrafo exige una excelente gestión de la respiración para poder leerlo adecuadamente.

Otros ejercicios pueden ayudarte a relajar tu boca y garganta. Los nervios pueden tensionar tu laringe; comprueba que está relajada: túmbate en el suelo y respira pausadamente con la boca abierta; fíjate especialmente en tus labios y en tu mandíbula y exhala el aire mientras haces vibrar las cuerdas vocales como indicaba más arriba (con una *ooh* larga). Repite este ejercicio sentado y de pie.

Cuando acabes un discurso o un juicio, comprueba que tu garganta está relajada; si no es así, dedícale un pequeño masaje para relajar.

Evita carraspear; podrías dañar tus cuerdas vocales. Para eliminar las flemas es mejor tragar saliva con la boca abierta. Requiere un poco de práctica, pero es muy efectivo.

Suma a los ejercicios anteriores los que expliqué para calentar la voz. No olvides los trabalenguas, pues proporcionan mucha flexibilidad a tus aparatos fonador y resonador.

4. Conclusión

La voz formará parte de tu discurso y de tu imagen. Una voz firme y segura aporta al orador tanto como una estructura adecuada y un vocabulario rico. El tono y el timbre de voz dan vida a tus frases. El volumen adecuado traslada seguridad. Nada hay peor en lo que a la voz se refiere que un orador gritando; trasladará enfado en lugar de dominio de la situación.

Te propongo un ejercicio final en el que unir frases, voz y lenguaje corporal. Aprende el siguiente texto y grábate diciéndolo:

«Señoría: si algo ha quedado claro a lo largo de este juicio,
es que mi representada ha sido muy generosa y paciente
con un empleado desleal».

Ahora, aprende a decirlo siguiendo las instrucciones:

«Señoría: si algo ha quedado claro a lo largo de este juicio».

Instrucciones: Tras la palabra *señoría*, haz una pausa, pronuncia la siguiente frase a ritmo pausado, creando misterio, y deja la última sílaba arriba. Con las manos paralelas delante de ti y con movimientos muy leves.

«Es que mi representada ha sido muy generosa y paciente».

Instrucciones: Pausa breve tras la palabra *representada*, ritmo normal, subes el volumen poco a poco hasta el final y ralentizas la palabra *paciente*. Una mano adopta el gesto de dar y las dos paralelas con las palmas hacia abajo refuerzan la palabra *paciente*.

«Con un empleado desleal».

Instrucciones: El volumen va cayendo (pero que se te oiga) y acelera el ritmo. Manos horizontales con gesto de fin (palmas hacia abajo abriendo las manos hacia los lados).

Ensáyalo paso a paso hasta que lo interiorices. Cuando seas capaz de hacerlo con facilidad, vuelve a grabarte diciéndolo con los gestos y usando la voz como se describe.

¿Notas la mejoría?

Por último, no olvides las pausas. Son esenciales para que la audiencia interiorice los conceptos. Fíjate en discursos brillantes y observa cómo empiezan con una pausa y cómo a lo largo de ellos se introducen diversos silencios que refuerzan la frase que acaba de decirse o la que va a llegar a continuación.

La voz formará parte de tu discurso y de tu imagen. Una voz firme y segura aporta a orador tanto como una estructura adecuada y un vocabulario rico.

7
Aplicaciones prácticas

A lo largo del libro he recurrido a muchos ejemplos diferenciando la actuación en un juicio de la que harías dando una conferencia. Veamos ahora algunas situaciones particulares en las que podemos aplicar las técnicas aprendidas con pequeñas variaciones.

1. Comunicación electrónica y *online*

Las nuevas tecnologías han convertido en realidad las profecías de Toffler y vivimos en un mundo hiperconectado. Las comunicaciones interpersonales, conferencias y muchas actuaciones judiciales se realizan mediante conexiones digitales; muchas veces mediante correos electrónicos y otras mediante teleconferencias.

¿Te has parado a pensar en lo impersonal que puede resultar un correo electrónico en el que adjuntamos un documento? Suele ajustarse a un simple: «Adjunto el informe solicitado». ¿Y la respuesta a estos correos? Es aún peor: «Gracias». Desaparece por completo el ser humano que hay detrás. Piensa en una negociación entre abogados. Envías una propuesta a la que le has dedicado horas y todo lo que recibes de tu compañero es un escueto «Gracias». ¿Cómo te sientes?

Al perder el contacto humano, perdemos también la conexión. Cuidar estas comunicaciones contribuye a que la relación sea más fluida; este cuidado incluye elegir el momento en el que envías un correo, por ejemplo. Casi todos los profesionales consultamos con frecuencia nuestro correo electrónico o nuestros mensajes, incluso durante los fines de semana.

Siendo cierto que el profesional libre *no tiene horario*, también lo es que cada uno se organiza sus descansos como quiere; recibir un correo el domingo por la tarde «para que lo vea el lunes a primera hora» puede no ser la mejor idea para conectar positivamente con alguien.

Simplemente, tenlo en cuenta. Valorar el tiempo de los demás aumenta tu empatía.

Otro aspecto que hay que considerar es la lectura de estos mensajes: como vamos muy deprisa, tendemos a leer *en diagonal* y podemos perdernos algo importante. Escribe con claridad y brevedad para que te entiendan fácilmente y lee con detenimiento.

En reuniones híbridas u *online*, intenta que todos se sientan valorados. Imagina una negociación con varios interesados; dirigirte solo a aquel que más te preocupa puede provocar que la negociación decaiga por aquellos que consideraste seguros y descuidaste. Algo parecido ocurre con las conferencias híbridas: los oradores tienden a ocuparse de su conexión con los presentes y se olvidan de quienes asisten *online*. Presta atención especial a quienes no están presentes; haciéndolo no descuidas a los presentes, quienes, además, verán en ti a alguien que se preocupa por todos.

Por último, en las comunicaciones *online*, la confianza puede resultar más difícil. La presencia física es un aspecto importante para generarla y, cuando nos conectamos a través de una cámara, esa presencia se reduce.

Escenario *online*

Ante una declaración o participación en un juicio *online*, el escenario lo tienes que crear tú. Familiarízate en primer lugar con la herramienta que vayas a utilizar. Conoce sus funciones básicas. Aunque son parecidas, Zoom ofrece utilidades diferentes a Teams, y esta proporciona recursos que quizás no tiene la herramienta de Google.

Tu *escenario* debe estar bien iluminado y resultar atractivo. En primer lugar, decide si vas a participar sentado ante el ordenador y la cámara web o vas a hacerlo de pie. Personalmente, organizo mis formaciones de pie, sobre todo porque me permite expresarme con todo mi cuerpo ya que aumento el plano con un encuadre más amplio; quiero que se vean mis manos.

En una reunión para negociar tiene más sentido hacerlo sentado.

Coloco la cámara frente a mis ojos. El ángulo de la cámara es muy importante: si la cámara apunta de arriba hacia abajo (picado), me empequeñecerá; si, por el contrario, la coloco por debajo de mi cabeza apuntando hacia arriba (contrapicado), puede enaltecerme en exceso generando una imagen de prepotencia; además, la imagen de abajo hacia arriba es muy poco favorecedora: agranda la nariz y puede mostrar el contenido de los orificios nasales. La cámara frente a los ojos permite encuadrar bien la imagen y no quedar empequeñecida (que se vea mucho techo y aire por encima de la cara).

Detrás de mí debe aparecer una habitación ordenada y que no distraiga. Una pared detrás está muy bien. Si no, también puedes usar una biblioteca como fondo siempre y cuando esté ordenada; ¡cuida los títulos que pueden llegar a leerse! Hablar de algo serio con el *Kamas-sutra* detrás de tu hombro no es una buena idea.

Si no dispones de un fondo adecuado, usa el desenfoque, pero evita en la medida de lo posible los fondos virtuales. Además de que generan efecto fantasma alrededor de tu cara, todos disponemos de los mismos y su uso distrae. Igual que ocurría con los libros, asistir a un juicio serio con la imagen de una playa y palmeras detrás no parece lo más conveniente.

Algunas organizaciones exigen el uso de fondos corporativos con el logo del despacho o de la empresa. Insisto en que yo lo evitaría en muchas situaciones, como un juicio, pero si estás obligado a usarlo, cuida que tu iluminación sea la correcta; en caso contrario, aparecerás como un fantasma con perfiles confundiéndose con el fondo.

Las cámaras de los ordenadores portátiles no suelen ofrecer buena calidad; si puedes, usa el móvil o una cámara con buena calidad. Una 1080 es suficiente; si dispones de una cámara 4K, mejor aún.

El sonido también es importante. Si estás cerca del ordenador o de la cámara, no suele haber problemas, pero si te alejas para disponer de un encuadre más amplio, resulta conveniente disponer de un micrófono. Los micrófonos conectados por cable al ordenador funcionan muy bien; simplemente, cuida que en tus movimientos no enganches el cable y tires la cámara o el ordenador. Si prefieres evitar riesgos, usa un micro inalámbrico. Existen auriculares con micro incorporado que transmiten el sonido con muy buena calidad.

Si vas a realizar una presentación con diapositivas, elige si quieres compartir la presentación a través de la pantalla o expuestas en un monitor junto a ti asimilando la presentación a las presenciales. Fíjate en la imagen de la página 154, Javier Sirvent, uno de los cerebros más privilegiados del mundo de las tecnologías exponenciales en España, organiza sesiones *online* en las que posiciona de pie junto a un monitor donde proyecta la presentación para que los asistentes tengan una experiencia más visual, completa y accesible. En caso de que la sesión sea híbrida, también dispones de la opción de exhibir las diapositivas en una pantalla para los asistentes presenciales y a la vez compartir la presentación a través de la conexión para quienes asisten *online*.

Tenlo en cuenta a la hora de organizar tu sesión.

Lenguaje corporal frente a la cámara

Frente a la cámara los desplazamientos se reducen: no podrás moverte como lo haces en un escenario ni mover los brazos de igual forma. Por otro lado, las expresiones faciales van a adquirir más importancia ya que tu cara estará más cerca.

En un juicio, debes tener en cuenta cómo te van a percibir los demás, sea porque se encuentren en la sala del juicio o porque participen también *online*.

Al tomar la palabra, las pausas adquieren especial relevancia. Debes esperar a que quien esté interviniendo haya acabado por completo; si hablar por encima de otros es siempre incorrecto, hacerlo en una sesión *online* puede ser muy molesto: si alguna vez has participado seleccionando «vista del hablante», habrás comprobado que, cuando alguien interrumpe, las imágenes en pantalla se alternan muy rápidamente generando confusión. Los turnos de palabra deben quedar bien establecidos.

Si estás dando una conferencia y alguien pregunta, dale tiempo a que termine por completo su frase.

Los movimientos de tus manos frente a la cámara deben ser más lentos, y ten la precaución de no acercar demasiado las manos a la cámara, pues podrían aparecer desproporcionadas en cuanto a tamaño.

Otro aspecto que hay que tener en cuenta es el contacto visual: aunque debes mirar a la cámara para que la audiencia reciba tu mirada, tú apenas puedes verla, pues, si miras a la pantalla, tu audiencia pierde el contacto visual.

En los talleres que he impartido, he comprobado que funciona muy bien explicarlo. Recuerda que los hago de pie. Al saludar a los asistentes les explico cómo he organizado la instalación y les señalo que la pantalla en la que puedo verlos está a un lado, mientras que la cámara la tengo en un trípode frente a mí.

Para mantener mi vista en la cámara, empecé usando un muñequito de plástico sobre la cámara imaginando que le hablaba a él. Si te cuesta a ti también, este truco puede servirte.

Echarás de menos la retroalimentación de tu audiencia. Es poco lo que puede hacerse salvo, como te he dicho antes, explicar que, para verla, tienes que desviar la mirada. Aprovecha los momentos mientras tu audiencia ve un clip, hace preguntas o participa.

Cuida tu vestimenta: evita adornos cuyos brillos puedan molestar en una pantalla; las camisas o blusas con rayas juntas crean el efecto Moiré, que resulta molesto. Mejor colores lisos.

Voz *online*

Tu voz llegará a través del micrófono y los altavoces de cada uno de los receptores. Poco puedes hacer para mejorar estos. Puedes, sin embargo, mejorar al máximo la emisión a través de tu micrófono.

Yo uso unos auriculares inalámbricos con micro incorporado. Funciona muy bien, salvo que tenga que usar una presentación con diapositivas desde una pantalla junto a mí. En este caso, si tu presentación incorpora sonido, su calidad puede perderse; en estos casos recurro a un micrófono de ambiente conectado al ordenador.

En la imagen de abajo también puedes ver a mi amigo Javier Sirvent usando una diadema de auriculares con micro incorporado para una de sus sesiones *online*.

Javier Sirvent, divulgador científico y el primer *technology evangelist* español en una sesión *online* usando una pantalla a su lado para proyectar la presentación y ofrecer a la audiencia una experiencia más completa y enriquecedora.

En alguna ocasión me he encontrado con que, mientras las palabras se transmiten perfectamente, no ocurre lo mismo con la música, que incorporan algunos de los clips que exhibo. En estos casos, preparo la sesión para compartir pantalla en el momento de pasar esos clips. No ofrece ningún problema, pero te exige llegar con tiempo para probarlo. También puedes optar por usar un mezclador de audio y alternar la fuente del sonido que ofreces.

Otro aspecto importante en lo que al sonido se refiere es evitar ruidos ajenos a tu intervención durante la sesión. Si vas a participar en un juicio o una negociación o a dar una conferencia *online* desde tu domicilio, asegúrate de que no haya mascotas o personas que puedan interrumpir; lo mismo que si intervienes desde tu despacho o un lugar público.

Participar en un juicio o en una negociación mientras te desplazas es muy mala idea: puede fallar la conexión y traslada un mensaje de que le das poca importancia a esa comunicación.

Cuida los ruidos que puedas provocar al colocar los brazos sobre una mesa si llevas pulseras o un reloj que pueda causarlos. Y apaga o silencia el teléfono móvil.

En las sesiones *online*, tú creas el escenario por medio de la luz, el encuadre y tu posición frente a la cámara. El contacto visual se realiza a través de ella. Ten especial cuidado con ruidos ajenos.

Guía rápida para crear el escenario para una sesión *online*

En una sesión *online* tendrás que crear el escenario. Para ello:

- Coloca la cámara adecuadamente; asegura luz, encuadre y fondo.
- Cuida el contacto visual a través de la cámara.
- Evita los ruidos que puedan distraer.
- Reduce los movimientos de tus manos y ralentizarlos, pero sigue usando el lenguaje corporal, especialmente tus expresiones faciales.
- Nunca interrumpas a otros oradores o intervinientes.
- Cuida tu vestimenta; cuidado con los accesorios muy brillantes.
- Estamos frente a una cámara. ¡Todo queda registrado!
- Encaja la presentación: compartes pantalla o la proyectas en una pantalla.

2. Presentaciones con diapositivas

De acuerdo con la herramienta VAK de la programación neurolingüística (PNL), los seres humanos percibimos lo que nos rodea a través de nuestros sentidos. Algunos usan más la vista (visuales), otros el oído (auditivos) y otros las sensaciones y los movimientos corporales (kinestésicos). Es fácil imaginar la importancia que esta herramienta tiene en el análisis de la comunicación.

Para Mónica Pérez de las Heras, la PNL es «un conjunto de técnicas que nos permite conocernos mejor a nosotros mismos y también a los otros; por ello es una excelente herramienta para la comunicación con uno mismo y con los demás» (Heras, 2018).

Una presentación con diapositivas debe servir para reforzar nuestro discurso.

Este apartado está pensado para aquellos profesionales que realizan presentaciones o dan clases o conferencias.

Lo primero que debemos plantearnos es si nuestro discurso se va a beneficiar del apoyo visual. Está claro que favorecerá la conexión con las personas visuales, pero también puede confundirlas si en lugar de imágenes llenamos la pantalla de frases de nuestro propio discurso.

La presentación no es una chuleta en la que el orador se apoya para saber por dónde va. Es una de las situaciones más contraproducente que, tristemente, he visto con frecuencia: el orador se gira continuamente hacia la pantalla para leer lo que va a decir y repetirlo después hacia la audiencia. Para hacer eso es mejor enviarle el documento, pues el orador sobra; o sobran las diapositivas.

La presentación debe prepararse pensando en la audiencia y en cómo va a ayudarla a entender mejor lo que el orador dice; el orador presenta su discurso enfocado en el público.

Hay que mantener el contacto visual. Si necesitas una guía porque tienes ante ti una conferencia larga, usa unas notas en una tarjeta que sostengas en tu mano o en el atril.

Recuerda que lo verdaderamente importante es hablar con el público, conectar con él.

La función de las diapositivas es reforzar la transmisión de conceptos con un estilo visual que facilite su asimilación.

Si has asistido a alguna presentación con diapositivas, recordarás que *a priori* estás más dispuesto a escuchar; parece que el esfuerzo que tendrás que realizar para recordar lo que el orador cuenta será menor. Sin embargo, si nada más empezar la presentación las diapositivas son puro texto, acabas cogiendo tu teléfono móvil y fotografiando la pantalla. ¿Prestas atención al presentador?

Preparar la presentación

Una vez decidido que vamos a apoyar nuestro discurso visualmente, hay que diseñar la presentación. Existen muchas herramientas en el mercado; piensa en cuál se adapta mejor a lo que quieres mostrar.

Si más que una sucesión de diapositivas quieres presentar un mapa mental, Prezi podría ser una herramienta adecuada. Otras herramientas, además de PowerPoint, son Google Slides, Canva, Emaze, VideoScribe o Zoho Show, por citar algunas de las más conocidas. Cada una se adapta mejor a un tipo de presentación.

La presentación servirá para proporcionar luz a los datos y conectarte con la audiencia.

El mensaje que hayas preparado, tu forma de explicarlo y las diapositivas deben ir de la mano para generar la transformación, para persuadir, ¿recuerdas?

Pensemos en PowerPoint, ya que es, probablemente, la herramienta más utilizada. En la actualidad, uso el formato panorámico; es más amplio y casi todos los lugares en los que he tenido que exponer tienen pantallas para que la proyección se realice sin problemas. Evito usar las plantillas que PowerPoint proporciona; todo el mundo dispone de ellas, así que no aportan nada original. Diseño a partir de diapositivas en blanco.

Como ya dije en el capítulo 4, mi primera diapositiva es una pantalla en negro con unos puntos y barras en alguna de las esquinas: .../// ...

Tras ella puedes colocar el título; sencillo, olvida los colorines. Yo empiezo con la imagen que representa el gancho. ¿Recuerdas la foto de la *Pulsatilla grandis*? Suele ser la siguiente diapositiva; cuento la historia, y entonces aparece la tercera con el título y mi nombre.

Intento que se asimile a la proyección de una película en la que, tras la secuencia de acción inicial, aparecen los títulos de crédito.

También puedes incluir una diapositiva que llame mucho la atención. Imagina que vas a dar una conferencia relacionada con el derecho penal; la imagen de una prisión puede ser lo suficientemente impactante para empezar por ahí.

Olvídate de incluir un índice; sería como anticipar el final de la película haciendo *spoiler*. Si tu charla es complicada, puedes incluir un sumario. No será lo mismo una presentación para dar una clase que para una charla de 20 min.

Se han estandarizado mucho los discursos de 20 min. Según Harvard, es el tiempo medio de atención a una conferencia con máxima eficiencia. En este caso, no prepares más de 10 diapositivas.

Guy Kawasaki defiende la regla 10-20-30, consistente en que una presentación no debe tener más de 10 diapositivas para una presentación de 20 min y que el tamaño de fuente (la letra) sea 30 o mayor (Kawasaki, 2005).

Parte de la base de que cada diapositiva debe estar destinada a presentar una idea y los seres humanos podemos absorber un máximo de 10 ideas.

Al limitar el tamaño mínimo de la fuente, te obligas a reducir el texto que colocas en cada diapositiva. Insisto, la presentación no es un documento; de hecho, es habitual que en las formaciones en que participo me soliciten una copia de la presentación. Lo normal es que no se entienda nada sin mis explicaciones; por ello, creo dos archivos diferentes: uno es la presentación y otro es un archivo PDF con las diapositivas y un resumen de las explicaciones facilitadas que incluyo tras cada imagen.

Aun cuando uso mucho las presentaciones con diapositivas para talleres de varias horas de duración, la mayor parte son imágenes que sirven para fijar la idea de lo que digo.

Cada cuadro resume una idea de la forma más sencilla posible. Las explicaciones las proporciona el orador apoyado en la imagen o en los datos que facilite la diapositiva.

Limito el número de palabras en cada diapositiva a 10.

En cuanto a las transparencias con datos o gráficas, también hay que buscar la sencillez.

Recuerdo una ocasión en la que me invitaron a participar en una mesa redonda sobre videojuegos; los organizadores pidieron que limitáramos la presentación, en caso de que la hiciéramos, a cinco diapositivas en un intento de que así respetáramos el tiempo asignado de 10 min. Uno de los participantes elaboró cinco pero incluyó una media de ¡tres gráficos por cada diapositiva! No había forma de entender qué quería transmitir y, por otro lado, muchos de los datos que proporcionó eran innecesarios o redundantes.

Una imagen llena de datos es un laberinto que exige que el oyente le preste toda la atención, desconectándose así del presentador. Reducir la carga cognitiva de cada diapositiva contribuirá a que la presentación sea fácil de seguir combinando su visualización con lo que dice el orador. Los espacios en blanco son oasis de paz, se asimilan a las pausas durante la locución: proporcionan espacio a la audiencia para ir interiorizando los mensajes. Evita abrumar con multitud de ideas.

Otro aspecto para tener en cuenta son los colores. ¿Qué transmite una diapositiva llena de colores?

De nuevo, suponen un exceso de conceptos. El cerebro humano acepta mucho mejor los gráficos con mapas de calor (un solo color con distintas intensidades) para representar un dato creciente que un gráfico con siete colores diferentes. En cuanto a los colores, puede ocurrir que tengamos que hacer uso de plantillas proporcionadas por la organización con los colores de la compañía o, incluso, usar sus colores. Me he encontrado empresas con diseños de sus marcas muy actualizados y sencillos y otras con colores que no combinan bien. Tenlo en cuenta. Lo importante es que tu audiencia no se pierda entre la gama. En principio, una presentación no debería contener más de cinco o seis colores.

Lo mismo es aplicable a los rótulos junto a las gráficas: los textos rotados en un ángulo de 45° se leen un 52 % más lento que los horizontales; si los rotas 90°, la lectura es un 205 % más lenta.

Usa tipos de letra fáciles de leer.

Hyunjin Song y Norbert Schwarz realizaron una investigación en la Universidad de Míchigan en 2008: dividieron a los estudiantes en dos grupos y les facilitaron las instrucciones de un mismo ejercicio escritas con dos fuentes de lectura, una fácil (Arial) y otra más compleja (Brushstroke):

Si es difícil de leer, será difícil de hacer

Si es difícil de leer, será difícil de hacer

Los alumnos que recibieron el texto en Arial consideraron que el ejercicio sería fácil de realizar; el segundo grupo asumió que era difícil y estimó que tardaría casi el doble que los alumnos del primer grupo en terminarlo.

Simplifica los textos; recuerda que las diapositivas se diseñan para que tu audiencia asimile los conceptos con facilidad. Textos legibles, nítidos y un lenguaje sencillo mejoran la conexión.

Aprovecha el espacio reservado para el título de cada diapositiva; es más importante de lo que puede parecer; fíjate en la diferencia:

«Presupuestos 2023»

«Los gastos 2023 están por encima del presupuesto»

Si decides escribir una cita célebre en una diapositiva, deja que el público la lea. Fíjate en que, aunque estés hablando, cuando pasas una diapositiva, lo primero que hace la audiencia es mirarla; nos llama mucho la atención la luz y, por tanto, antes de que tú la leas tu audiencia ya estará haciéndolo. Aprovecha para hacer un silencio y explica después el concepto asociado a la cita.

En cuanto a las fotografías, elige siempre imágenes de calidad, y ten en cuenta la regla de los dos tercios: deben ocupar todo el espacio de la diapositiva, salvo que deban ir acompañadas de un título y no puedas incluirlo dentro de la imagen. Esta regla indica que, si divides la imagen con dos líneas en tres partes verticales y lo mismo horizontales, la mirada de los espectadores se dirigirá a los espacios donde se cruzan esas líneas.

Puedes probarlo diseñando una diapositiva en PowerPoint: en la pestaña «Vista», marca la casilla «Guías»; aparecerán una línea de puntos vertical y otra horizontal. Si colocas el ratón encima de cada una y pulsas el botón derecho, te da la opción «agregar guía horizontal/vertical»; verás que las puedes mover de forma que las dos líneas creen tres espacios iguales. Fíjate en las exposiciones fotográficas y comprobarás que muy a menudo los fotógrafos colocan el tema principal en esas zonas.

Úsalo en tus presentaciones.

Aprovecha también los espacios negativos de las fotografías (el espacio que queda libre entre el objeto fotografiado y el marco de la foto) para colocar ahí tus frases o títulos.

Respecto a las fotografías, ten en cuenta que su uso puede estar protegido por derechos de autor. Solicita autorización para usarlas, especialmente si la presentación puede aparecer en un lugar público, como Internet.

Conocí el caso de una empresa cuyo director comercial realizó una brillante presentación que subieron a la página web. En ella usó un par de fotografías que descargó directamente de Internet. A las pocas semanas la empresa recibió la notificación de una agencia reclamando una importante cantidad de dinero por haber usado con fines comerciales una imagen protegida.

Si no dispones de un banco de imágenes o tus propios archivos, puedes acudir a alguna de las webs que facilitan imágenes con el único requisito de mencionar al autor; Flickr, Pixabay, Unsplash, Pexels o Freepik son algunas de las que yo utilizo.

Por último, evita el efecto pegote, consistente en colocar una foto en medio de la diapositiva rodeándola de texto o gráficos.

Cuanto menor sea la carga cognitiva de cada diapositiva, más ayudará a tu audiencia a captar el concepto.

Presentando

Recuerda hacerlo enfocado en el público. Si dispones de un monitor testigo que te recuerde la imagen que normalmente tendrás detrás de ti, úsalo como referencia, pero sin dejar tu vista clavada en él. Si no tienes este monitor (a veces es el propio ordenador desde el que lanzas la presentación), puedes imprimir tus diapositivas y colocarlas en un atril delante de ti.

En los talleres que imparto, imprimo las diapositivas como página de notas; es en estas últimas en las que escribo los puntos que voy a mencionar en cada caso.

Llega con tiempo al lugar de la conferencia para comprobar que todo funciona adecuadamente y ten previsto un plan B.

Me he encontrado con situaciones muy diversas que me han enseñado a ser precavido: ordenadores en el lugar donde debo intervenir que carecen del programa PowerPoint, otros que no admiten conectar la memoria USB en la que llevo grabada la presentación, monitores que no se adaptan al ordenador, ausencia de cable adecuado para conectarlo y alguna otra.

Casi siempre he conseguido que las cosas funcionen, pero he necesitado usar todo el tiempo de anticipación con el que llegué al lugar.

Como ya expliqué en su momento, es muy bueno tener todas las presentaciones listas antes de que comience el evento a fin de evitar que el público se distraiga mientras conectamos dispositivos o encendemos ordenadores.

Es preferible disponer de un pasapáginas antes que tener que pedir que te vayan pasando las diapositivas con el consabido y muy distorsionador «Siguiente» o estar obligados a movernos hacia el ordenador para pasar a la siguiente imagen.

Los buenos oradores son narradores que usan el apoyo visual para facilitar la asimilación de conceptos por parte de la audiencia.

No aburras alargando tu presentación más allá del tiempo asignado (lo ideal son 20 min).

No abrumes con más de 10 ideas en otras tantas diapositivas

Sintetiza conceptos limitando a 10 el número de palabras por diapositiva.

3. Negociación

Las habilidades de comunicación son muy importantes en una de las actividades más común para los abogados: la negociación.

Es un proceso que se establece entre dos o más partes a fin de alcanzar un compromiso a través del intercambio de información y cesiones sobre los intereses divergentes. El objetivo es conseguir un acuerdo que de alguna manera resulte satisfactorio para todos, aunque no sea la solución óptima que cada uno hubiera elegido.

Para que haya negociación es importante que exista un interés común. Si no existe, sea por la actitud hacia la otra parte o por rechazar el asunto, la negociación tampoco se producirá.

Negociamos cuando tenemos una actitud abierta hacia las otras partes, aunque no estemos de acuerdo por completo con el asunto, o cuando aceptamos el objeto de la negociación pero tenemos dudas respecto a los negociadores.

La negociación es algo diferente a la venta y al regateo; en este, solo se negocia el precio y solamente una de las partes ganará. En una negociación hay varios elementos que hay que negociar y el objetivo es que todos ganen algo.

Los buenos negociadores son buenos comunicadores, pues incorporan las mismas habilidades: empatía, asertividad, capacidad de persuadir, paciencia y flexibilidad.

Hay varios tipos de negociación:

- **Distributiva.** Cada una de las partes busca obtener el máximo beneficio, pero sin perder la relación.
- **Colaborativa.** Busca por encima de todo el beneficio de ambas partes, y se hace en común.
- **Competitiva.** Cada parte defiende sus propios intereses.
- **Flexible.** Busca la colaboración mutua acercando posturas paso a paso.
- **Acomodativa.** La asume una de las partes sacrificando intereses con el fin de obtener un acuerdo rápido.
- **De compromiso.** Es un acuerdo de mínimos.
- **Evitativa.** Busca eliminar la negociación en sí o cerrar los espacios en común.

Antes de cada negociación, prepárate adecuadamente.

Elige el escenario: no es lo mismo negociar en tu despacho que en un espacio neutro; tampoco es lo mismo hacerlo en un lugar informal que en un espacio más protocolario.

La negociación debe prepararse con antelación. Romper el hielo puede ser un paso imprescindible para tener éxito; no resulta fácil, pero puede ser muy beneficioso.

Cuando generamos comodidad entre las distintas partes que participan en una negociación, los acuerdos son mucho más fáciles de alcanzar; un entorno ameno donde todos se sientan a gusto facilita el esfuerzo para conseguir los acuerdos.

La seguridad contribuye a la comodidad y a liberar los recelos que puedan existir.

Puedes buscar espacios comunes con los otros negociadores: aficiones o contactos comunes. Gracias a las redes sociales, hoy en día es fácil de obtener esa información. Recuerda que la empatía es uno de los ingredientes fundamentales para la comunicación.

Pasos:

- **Negociación.** El primer paso es la prenegociación: se trata de averiguar si la negociación es viable.
- **Beneficio mutuo.** En el segundo paso, se contempla si es posible un beneficio satisfactorio para ambas partes. Se confirma que las otras partes están dispuestas a que todos salgan beneficiados. Se procura controlar todos los factores que pueden influir en el resultado y conocer el proceso de toma de decisiones de las otras partes. Los negociadores hábiles alargan este período al máximo con el fin de esconder su posicionamiento. Es en esta fase en la que listamos todo lo que se va a negociar y fijamos nuestras líneas rojas. Valora en términos económicos y emocionales cada elemento a negociar; muchas negociaciones fallan porque no se tuvieron en cuenta elementos emocionales que intervienen con fuerza o no se realizaron los cálculos precisos del valor de cada elemento.
- **Posicionamiento.** El tercer paso es precisamente ese posicionamiento a partir del cual se realizarán las cesiones. En general el primero en posicionarse es el que más pierde. Es importante justificar bien el posicionamiento de cada uno y dejar espacio para tu mejor oferta. Elige bien tus justificaciones; un mayor número de argumentos a favor de nuestra posición no implica que tengas más razón. Del mismo modo, no debe sorprenderte la reacción de tu interlocutor, que puede ser negativa; tampoco aceptes su primera propuesta. En ambos casos se trata de su posicionamiento.
- **Cesiones.** El cuarto paso consiste en las cesiones. Cedemos poco. Poco a poco, concédete espacio suficiente para negociar. Ten en cuenta que, si la otra parte tiene que esforzarse por lo que consigue, lo apreciará más. Cada cesión debe implicar que recibas algo a cambio. Lo ideal es ceder lo que para ti tenga poco valor y mucho para tu interlocutor; no siempre ocurre, pero aprovecha esos factores. Lo que decimos en la fase de cesiones

tiene significado; si te comprometes a considerar algo, ya estás realizando una concesión.

- **Acuerdo.** El quinto paso es el acuerdo. En este momento hay que confirmar, si es posible por escrito, que ambas partes entendemos lo mismo; aseguramos el cumplimiento de las obligaciones que cada parte va a asumir y establecemos una fase de seguimiento.
- **Confirmación.** El sexto paso es precisamente la confirmación de que los acuerdos se cumplen.

Un buen negociador es el que consigue
que el otro se salga con la tuya.

Epílogo

La comunicación forma parte de nuestra vida diaria. La venta, el liderazgo y nuestras actividades profesionales y de ocio varían en función de nuestra capacidad para comunicarnos. Dominar estas habilidades no solo nos permite expresarnos mejor y ser más eficaces, sino que mejora nuestros resultados.

Los mejores líderes son grandes comunicadores. Steve Wozniak, socio de Jobs en la creación de Apple y auténtico creador de las primeras máquinas, afirmaba que su amigo y socio era un genio capaz de ver el potencial económico detrás de cada diseño y venderlo gracias a su enorme talento para comunicar.

La diferencia entre un gran vendedor y uno normal estriba a menudo en la capacidad del primero para persuadir a través de su oratoria.

Te dejo una última reflexión: la actitud con la que abordes cada comunicación es fundamental para el éxito.

Hace algunos años me contaron una anécdota sobre Rafael Nadal, nuestro gran campeón de tenis. Ignoro si es cierta o leyenda urbana: Nadal ha ido mejorando su técnica para ser el gran tenista que es; cuida su físico y entrena para estar al máximo nivel. Antes de cada partido, calienta y hace algo que pocos conocían: salta y se expande en el vestuario afirmándose como un campeón. En cierta ocasión en esos saltos se golpeó con el dintel de una puerta y estuvo a punto de lesionarse.

Al boxeador que camina hacia el ring, su entrenador le repite: «Eres el campeón, eres el mejor».

Antes de una negociación, una venta, un discurso o el alegato ante el juez, repítete a ti mismo mientras alzas los brazos en señal de victoria: «Soy el mejor, voy a triunfar».

Seguro que entras en escena con la mejor actitud posible.

Los seres humanos somos seres relacionales. Necesitamos la comunicación para conseguir la aceptación del grupo; de hecho, hay expertos que afirman que el crecimiento del cerebro humano triplicando su tamaño (de 450 a 1600 cc) frente al del gorila, que permanece igual que hace millones de años, tiene mucho que ver con el desarrollo de la comunicación y la necesidad de generar relatos para cuidar de los descendientes.

Si nos fijamos en las pinturas prehistóricas, adivinamos las historias que esconden. Podríamos afirmar que fueron los primeros *storyboards*.

A lo largo de nuestras vidas, sufrimos diversas vicisitudes: éxitos y fracasos. Construimos con estas experiencias nuestro propio relato. Permite eludir la incertidumbre y proporciona sentido a lo que nos ocurre.

Si los sucesos son muy traumáticos, como un divorcio o perder el trabajo, necesitamos compartirlo con nuestro grupo a fin de estabilizar nuestra vida. Esa conexión con los demás nos da la oportunidad de ver nuestras experiencias desde una nueva perspectiva.

Con esta perspectiva en mente, te invito a dar el paso de practicar contando tu propia historia. Adopta la mirada curiosa y detallada de un diablo Cojuelo y relata tus experiencias como lo haría un narrador experto. Conviértete en el autor de tu vida y descubre cómo dar forma a tus vivencias puede transformar tu visión y fortalecer tu camino.

Así nació esta obra: apasionado de la oratoria y la comunicación, decidí explorar estos mundos tras 34 años dedicado a trabajar para la industria del entretenimiento.

Abracé las circunstancias que la vida me proponía y descubrí que lo aprendido durante esos años era muy útil; procedía de los directivos de la industria, muchos de ellos grandes comunicadores y narradores.

Decidí convertir mis experiencias en la enseñanza de habilidades directivas. El conjunto de estas y, especialmente, lo aprendido a través de las clases y formaciones que imparto cristaliza hoy en la obra que tienes entre tus manos.

Gracias por acompañarme en este viaje por los secretos de la oratoria.

Bibliografía

Admin (11 de septiembre de 2012). *¡Qué de flores!* Obtenido de ¡Qué de flores!: https://www.quedeflores.com/blog/2012/09/11/la-tragica-y-romantica-leyenda-de-la-alstroemeria/

Alcoba, J. (2024). Diseña experiencias que enamoran. En: J. Alcoba, *Diseña experiencias que enamoran* (págs. 72-77). Madrid: Kolima.

Brown, B. (30 de octubre de 2017). *YouTube*. Obtenido de Brené Brown on empathy: https://www.youtube.com/watch?v=HznVuCVQd10

Buzan, T. (2018). *Mapas mentales*. Barcelona: Editorial Planeta mexicana, S. A. de CV.

Di Resta, D. (6 de febrero de 2023). *Diresta*. Obtenido de https://www.diresta.com

dvmadeeasy. (2008). *YouTube*. Obtenido de https://www.youtube.com/watch?v=kvfrVrh76Mk&t=53s

Edwards, V. V. (1 de julio de 2024). *Science of people*. Obtenido de Science of people: https://www.scienceofpeople.com/secrets-of-a-successful-ted-talk/

Gardner, J. (1990). On leadership. Nueva York: Free Press.

Heras, M. P. (2018). Escribe, habla, seduce. En: M. P. Heras: *Escribe, habla, seduce* (pág. 29). Madrid: LID editorial.

Humes, J. C. (2002). *Speak like Churchil, stand like Lincoln*. Louisiana: Prima Publishing, US.

Kahneman, D. (2012). Pensar rápido, pensar despacio. En: D. Kahneman, *Pensar rápido, pensar despacio* (pág. 89). Barcelona: Penguin Random House Grupo editorial, S. A. U.

Kawasaki, G. (30 de diciembre de 2005). *Guy Kawasaki.* Obtenido de Guy Kawasaki: https://guykawasaki.com/the_102030_rule/

Mark, G. (2023). Attention span. En: G. Mark: *Attention span: A Groundbreaking Way to Restore Balance, Happiness and Productivity* (pág. 368). Haqnover square press: New York.

McAleer, A. T. (12 de marzo de 2014). *PLOS ONE.* Obtenido de PLOS ONE: https://journals.plos.org/plosone/article?id=10.1371/journal.pone.0090779

Medina, J. (2008). *Exprime tus neuronas.* Barcelona: Gestión 2000.

Ricou, J. (3 de febrero de 2019). *La Vanguardia.* Obtenido de La Vanguardia Sociedad: https://www.lavanguardia.com/vida/20190203/46177449169/capacidad-atencion-estimulos-concentracion.html

Salas, C. (2017). *Storytelling. La escritura mágica.* Madrid: Mirada mágica SRL.

Smith, D. (5 de diciembre de 2017). *Nature Communications.* Obtenido de https://www.nature.com/articles/s41467-017-02036-8

Sunstein, C., Kahneman, D. y Sibony, O. (2021). *Noise: A Flaw in Human Judgment.* New York: Little Brown and Company.

Süskind, P. (1987). El perfume. En P. S. Gorina, *El perfume* (págs. 9 y 12). Barcelona: Seix Barral.

Wezowski, K. (6 de abril de 2017). *Harvard Business Review.* Obtenido de Harvard Business Review: https://hbr.org/2017/04/6-ways-to-look-more-confident-during-a-presentation?utm_medium=social&utm_campaign=hbr&utm_source=LinkedIn&tpcc=orgsocial_edit

YouTube. (s/f). *https://www.youtube.com/watch?v=CKuKc7KTt9g*